孩子不仅给我们带来了快乐，
更重要的是他们把我们重新引入真、善、美的世界

立 品 图 书 · 自觉 · 觉他
www.tobebooks.net
出 品

华德福三部曲 03

人智学和华德福教育

迈向健康的全人教育

黄晓星 著

海天出版社（中国·深圳）

图书在版编目（CIP）数据

人智学和华德福教育 / 黄晓星著. -- 深圳 : 海天
出版社, 2017.5
（华德福教育系列）
ISBN 978-7-5507-1952-1

Ⅰ . ①人… Ⅱ . ①黄… Ⅲ . ①儿童教育—教育模式—
教育研究 Ⅳ . ①G61

中国版本图书馆CIP数据核字(2017)第075676号

人智学和华德福教育

RENZHIXUE HE HUADEFU JIAOYU

出 品 人　聂雄前
责任编辑　陈　军
特约编辑　钱　健
责任技编　梁立新
封面绘图　任卓鹏
封面设计　尚上文化

出版发行　海天出版社
地　　址　深圳市彩田南路海天综合大厦（518033）
网　　址　www.htph.com.cn
订购电话　0755-83460239（批发）0755-83460397（邮购）
排版设计　九章文化　Tel：010-82116993
印　　刷　三河市华晨印务有限公司
开　　本　889mm×1194mm　1/32
印　　张　7
字　　数　137千
版　　次　2017年5月第1版
印　　次　2017年5月第1次
定　　价　42.80元

目 录

CONTENTS

前言

华德福教育是奥地利哲学家、教育家鲁道夫·斯坦纳在1919年于德国斯图加特华德福学校中建立起来的教学体系，其教育理念是建立在人智学（Anthroposophy）这一哲学理论之上的。人智学是鲁道夫·斯坦纳把希腊语词汇"Anthro"（"人类"的意思）和"Sofia"（"智慧"的意思）相结合创造出来的名词。斯坦纳试图用科学的方法来研究人类的智慧、人类以及宇宙万物之间的关系，这种科学被称为精神科学（Geisteswissenschaft）。

鲁道夫·斯坦纳在研究了西方的神秘学、宗教学、自然科学，以及东方的印度教和佛教等学问的基础上，以他的观点论述了人类历史的发展、人类意识的进化、人和精神的关系、艺术、音乐、理想的社会结构等领域的问题，然后整合成一套哲学思想，统称为人智学。

他在《自由的哲学》(*Die Philosophie der Freiheit*，1894) 一书的前言中声明："研究人智学是探索通往精神领域的知识的途径，通过研究人智学可以清楚地认识自己和人类的精神存在，以及物质世界与宇宙的现象。"研究人智学的目的是培养一个完全开放的胸襟，既不盲从也不随意拒绝，当人的内心有所需求，这种知识和智慧就会涌现，并可以依内心世界的需求来调节，直至获得精神世界的共鸣。

斯坦纳创立人智学的目的是用科学的方法研究精神领域，把精神研究从情绪化的煽情主义的约束中解脱出来。他坚信每一个人只要愿意敞开自己，都具有对精神世界的领悟能力。他把人类古老的智慧放在最重要的位置，认为时代已经要求人们对自己的心灵负责任，神秘学者必须让人们自由地学习精神科学，像追求其他科学一样，追求真理和关心人道。那些对易经、道教、中医、佛教和中国哲学比较有研究的人会发现，人智学其实在讲人的生活之道和生存之道。人类历史在物质领域是朝未来发展，在精神领域却是往过去发展，人的本质是物质身体和精神体的结合体，因此，人类智慧发展越来越丰富和厚重，文化也越来越趋于融合。地域的差异使人们走向丰富的空间，并给人们优化人类智慧的机会。

在我们这个物质生活极度膨胀而精神生活日渐贫乏的社会里，

如果我们能保持开放和多元化的态度去学习新的东西，人智学也许是最适合现代人的学问之一。生活的进展都是有因才有果，不会凭空而来。如果人们太看重奇迹性、变革性、短期性的效果，等于没有了解人类智慧发展的规律，也不了解人类在整个宇宙长河的位置。了解其关系，才能把握自己。在学习人智学过程中，通过艺术、文化、教育或农业等手段，探索和寻找每个人自己的思想。由于当年斯坦纳面对的是西方社会，所以，他的理论基本上是以基督教为途径来介绍的。很多人都相信，如果斯坦纳的生活背景是东方社会的话，他肯定会以佛教或道教为途径来介绍他的思想。这就是有人觉得人智学的思想和东方的佛教、道家或儒家学说相似的原因。

有些人在研究人智学的时候发现人智学有点玄。首先，人智学只是一种探索的途径，不是唯一的途径，因此，不被确认为科学。如中医可以把人的病治好，可是西方很多国家并不承认中医治疗的科学性，认为其只是一种治疗病人的途径而已。有人由于这种感觉而怀疑华德福教育是否科学。华德福教育是否科学不要紧，要紧的是不用物质科学这把尺子度量艺术，因为斯坦纳明确提出华德福教育是一门艺术。

华德福教育不是以培养政治人物、成功商人和企业家为目标的，尽管华德福学校的毕业生中也出现不少政治人物、成功商人和企业家，但还是未能说明华德福教育比其他教育更科学和更正确。在很多国家里，虽然有着国家主导的主流教育，但是也存在着各种非主流教育。他们在教学理念、实践、方式和手段上都是百花齐放和百家争鸣的，各种各样的教育流派都有。家长和学生选择和学习教育是根据自己的兴趣、信仰和条件去选择的。华德福教育是可供选择的教育之一，我们所做的并不是以华德福教育代替其他教育。

我们在听外来的专家分享他们在国外的经验时要知道，每个人的生活体验都有局限性，有必要保持着开放和包容的态度，不能轻易下一个"不符合国情"的定论，或简单地断定"华德福是如何如何的"。当你学习到的华德福教育只是皮毛，甚至有误解的成分时，就过早地下结论，对你不会有任何帮助。学习人智学首先要抛开自己现有的知识、逻辑、成见，在不加以评判的情况下接受下来。如果你实在无法接受了再抛弃，这样才有足够说服自己的理由去抛弃它。

鲁道夫·斯坦纳的生平

鲁道夫·斯坦纳（Rudolf Steiner，1861—1925）出生于下奥地利邦森林区里的克拉列维察（Donji Kraljevec，当时属于奥匈帝国，今位于克罗地亚）的一个普通的家庭，父亲约翰·斯坦纳（Johann Steiner）是位铁路公务员，母亲名叫弗兰齐斯卡·玻利尔（Franziska Steiner）。妹妹莱奥波尔迪娜（Leopoldine）身为缝纫师，弟弟古斯塔夫（Gustav）一出世便丧失听觉。

由于父亲工作的关系，斯坦纳和他的家人经常在下奥地利邦境内搬家。斯坦纳在小学期间就利用少量课余时间开始独立自修，求取知识。他对几何学尤其感兴趣并自称在 16 岁那年已经读了康德的《纯粹理性批判》。在 1869 年全家搬到维也纳新城附近后，斯坦纳获得了一笔奖学金（1879—1883）。他在维也纳科技大学攻读数学与自然科学教育，同时到维也纳大学旁听哲学、文学和历史相关的课程。由于奖学金的资助年限，斯坦纳不得不在1883年中断学业。一直到1891年他才在海因里希·冯·斯坦（Heinrich von Stein）的指导下以论文《认知理论的基本问题》（*Die Grundfrage der Erkenntnistheorie*）毕业，在罗斯托克大学获得博士学位，后来他增加此论文的内容并以书名《真理与学问》（*Wahrheit und Wissenschaft*）出版。

在大学期间，斯坦纳潜心研究科学和歌德的科学著作，并深受歌德的认知理论的影响。才21岁的斯坦纳，在研究歌德的科学方面就取得了很杰出的成绩，他编辑了一本名为《歌德科学》的著作。在1888年，由于出版了歌德作品，斯坦纳被公爵夫人索菲亚·冯·萨克森邀请在魏玛刚成立的档案馆工作，编辑歌德与席勒的著作。最终，斯坦纳写了两本关于歌德的哲学书——《隐含在歌德的世界观里的知识理论》（*Die Theorie der Erkenntnistheorie der Goetheschen Weltanschauung*，1886）和《歌德的世界观》（*Goethes Konzeption der Welt*，1897）。他还跟其他人合作完成了哲学家叔本华和作家让·保罗的作品整理，并在各种刊物上写了许多文章。在档案馆工作期间，斯坦纳写了被认为是他最重要的哲学著作《自由的哲学》（*Die Philosophie der Freiheit*，1894），以探索人类的认知领域，寻求人类通往精神自由的途径。

在德国魏玛共和国时期，斯坦纳的演讲涵盖许多不同主题，1900 年后他成为一个更专业的演讲者，此后一直到他去世前的 25 年的时间，他总共演讲过 6000 多次。他的演讲先由他的学生记录，后由专业的速记员来记录，并且编辑成书。这些著作占了斯坦纳现存作品的大部分，已经出版的德语书有 300 多本。斯坦纳对当时的哲学家都非常熟悉，他在尼采死后，成为尼采的代言人，后来被柏林的伯爵凯·冯·布鲁克道夫邀请演讲，并获得众多的追随者。1902 年在德意志神智学学会（Deutsche Sektion der Theosophischen Gesellschaft）成立时，斯坦纳成为德国分会的主席。

神智学由乌克兰的贵族海伦娜·彼得罗夫娜·布拉瓦茨基夫人（Helena Petrovna Blavatsky，1831—1891）等人创立。其学说和理论都非常大胆，超越当时的时代，对全世界的神秘学研究做出了极大的贡献。神智学认为，历史上所有宗教都是由久已失传的"神秘信条"演化出来的。东方哲学是具有广泛影响力的神秘学代表，尤其是印度的哲学。神智学学会是 1875 年在美国纽约所创立的团体，专门研究心理、精神、超能力、通灵等，1878 年 12 月，他们将总部迁往印度，安置在金奈（Chennai）地区，神智学的追随者特别倾向印度教，印度的克里希那穆提是他们追捧的对象。

从 1902 年到 1909 年，斯坦纳任神智学学会德国分会主席期间，他对东方佛教、印度教和古代神秘历史做了深入研究，在他出版的

《神智学》（*Theosophy*）中提出很多跟神智学学会不同的观点。尽管很多神秘学学者不认同他的论点，但他仍是欧洲最受欢迎的神秘学家。法国古老的神秘学权威爱德华·稀雷（Edourd Schure）于1906年写道："斯坦纳在描绘精神世界中的事件与事实时，非常肯定，他看到未知领域中的景象和物体，他让人们看到宇宙现象的现状。听他演讲时，你没法不相信他对精神世界的洞察力。"

1899年10月，斯坦纳和安娜·乌妮柯（Anna Eunicke）在柏林结婚。他说："婚后的生活很幸福，我得到最好的照顾，安娜让我减少了来自精神世界内外的干扰。"但是，他和妻子于1911年分居了。之后，他开始研究基督教和历史的关系，他在《基督教作为神秘的事实和古老的神秘》（*Christianity as Mystical Fact and the Mysteries of Antiquity*）中，对基督形成了自己的概念："基督在世时是神秘的分水岭，从那时起，人类的自由、自我认知、爱开始形成和逐渐演变，认识古老的神秘是迈出揭开基督在世秘密的第一步。"1912年，鲁道夫·斯坦纳离开了神智学学会，创立了人智学协会（Anthroposophical Society）。

第一章

史前文明

斯坦纳把整个人类和地球的进化史分成了七个纪元。我们正生活在第五个伟大纪元中的第五个文明时代。人类要经历七个伟大的纪元以及每个纪元中包含的七个文明时代，从而完成七七四十九个阶段的条件，才可以说达到了启悟。

1．关于生命的起源

　　自古以来，人类起源的问题就一直困扰着人们。神话传说和宗教理论使人们一直认为是神造了人。随着科技的发展，人们不断认识和了解更多的自然知识。于是，19世纪出现了达尔文的进化论，达尔文的进化论提出后曾被质疑，最终被人们了解和接受，后来，被列进了教科书，各界人士一致赞同。可是在进化论提出的50年后，就有不少科学家反驳这一说法。最后达尔文自己也承认了进化论是不成立的。我上中学的时候，也被动地接受了达尔文的进化论；上大学之后，不务正业地读了有关神学、哲学、心理学、社会学和跟宗教、信仰有关的书籍，于是也怀疑达尔文的进化论。长期以来关于生命以及人的起源问题的争论从未停止过。

　　我在上大学的时候，进行了一个简单的推理：如果进化论成立的话，人类其实不需要生孩子，等着只差一点点就能进化成人的类人猿加入人群就好了。同样的，其他的植物和动物也不需要自我繁殖，等着低等植物和动物进化就行了。然而，到目前还没有科学证明有哪个人或人种是最近从类人猿演变而来的。难道所有的类人猿全部都完成了工作？如果这种的演变是一个缓慢的过程，那么，类人猿演变成人类，在一段时间里都会有些演变成果的，如果一百年太短暂，可以是一千年，一万年，或一亿年，总之，应该知道目前还活着的类人猿要经过多少万年才会演变成人。而且，类人猿变成人之后，不会停止演变，还会继续演变才对。

被称为"台湾飞碟教父"的吕应钟教授认为，进化论不值得相信，他在1977年就发表过《为何要相信进化论？》一文，坚决认为进化论是错的。几十年来，他仍然坚持这样的观点，后来他又在《宇宙科学与生命哲学》一书中对达尔文的进化论进行极科学的批判。1998年6月6日《民生报》刊登了法国生物学家雷米夏文发表的文章《达尔文主义，一个神话的破灭》，该文提出达尔文的进化论发表已经一百多年了，科学家非但无法继续发扬这个理论，还开始怀疑这个理论的正确性。达尔文理论最大的功劳是启动了科学对生命起源的研究，一百多年来，我们对生命、对世界有了更深的了解，却无法证实达尔文理论的对错。

如果我们细心观察和思考自然现象，可以从自然界里学习关于生命起源的知识。当春天种子萌芽吐绿的时候，叶子自然地从树枝上长出来，植物自然地从种子中生出来，然而，即使用功能最强大的显微镜做最细致的观查，也不能揭示为什么一粒小小的种子，经过一段时间就会长成一株植物或一棵巨大的树。不需要仪器就知道，如果没有充分的外在条件，如春天和夏天的温暖，尤其是水和光，这个植物生长的过程就不会发生。如果去掉了这些外在影响条件，或者天气过于寒冷、干燥，没有阳光，就不可能有植物的生长。正是出于这个原因，当人们想要扼杀某些生命或阻止某些生命继续生长的时候，就会制造出这样的条件，例如，把种子保存在低温、黑暗、干燥的地方。

我们会发现创造和承载生命的那些力量的源头是阳光、大地、空气和水。最重要的因素不是物质，因为没有光，物质早已以无生命的形式存在了。一种有生命的物质能从无生命的物质中产生出来，首先依赖光，光和其他的宇宙力量是所有生命的源头。正如今天科研的对象是物质一样，也许宇宙力量会成为科学研究的对象。我们现在热衷于了解这个物质世界的奥秘，很自然，也很好理解，但同时我们忽略了宇宙的力量和影响。倘若没有这些来自宇宙的，尤其是通过水促成的力量，植物、动物、人都不可能生存，所以生命不是由种子或卵细胞自然而然地产生的。现在没有人相信世世代代的植物或动物的生命都压缩在一粒种子里了，我们把种子或卵细胞看作来自宇宙的各种生命力量能够流入的一个点，当然，这个点不可能在无生命的物质中起作用。

进化论中认为一种简单形式的生命经过亿万年进化成形式更复杂的生命，最后进化成无比复杂的人——"造物之冠"，现在质疑这种结论的科学家很多。一种有生命的物质不可能从无生命的物质中发展出来，有生命的物质也不可能单独从生命物质中发展出来。

因为，要创造出生命，需要宇宙的力量，一种有机的力量。与此相似，人的精神依托人的存在而存在，如果一个精神个体要存在于人，精神力量也必须流入一个人类的卵细胞。这些力量不是电流波动或宇宙射线，而是来自精神的影响。这些创造的力量存在于宇宙之初，全世界的神话中都有类似的描述。早期的人类一定比现代人更能认证这一真相。从整个人类历史来看，到了近期，自然科学的思维成为主导时，我们才开始相信，人类的生命和成长单凭物质的化学和物理的规律来解释就够了。

早期的基督教徒以他们的智慧如实地把那些比人类更高等的精神存在描述为天使、大天使等，他们认为天使和大天使是神圣造物主的助手，帮助创造和保存宇宙和人类。后来这种思想被归类到宗教里，被视为只能相信而不能实证的非科学的知识。人们信仰科学之后，也忽略了科学未必永远是真理。很多未能被证实的"科学"结论，以及一些被后来的科学推翻的曾经"科学"的结论，却未被单独列入"科学教"或者"伪科学"，并贴上宗教这个标签。把科学当宗教来崇拜的科学家不得不强硬地宣布，科学就是真理，宗教就是宗教。换一种说法，科学就是真理，哪怕是错的也是真理；宗教就是非真理，哪怕是对的，也是无法证明的，因此是宗教。这种言论跟许多教派的教士们说的都是一样的，只有信他们信的神才是真神。其他宣传也充分使用这一招，强硬地告诉人们，只有他们做的一切才是正确的，你必须相信。如果我们不懂什么是宗教，什么是科学，什么是政治，就会被这些强词夺理的言论征服。

2. 利莫里亚

　　如果上帝创造万物的说法和达尔文的进化论都不能说服我们的话，那么，人类从何而来？关于人类起源的说法很多。据历史学家詹姆斯·韦伯（James Webb）的研究，撇开上帝创造万物的说法和达尔文的进化论，最初提出史前人类起源问题的是神秘学，后来被布拉瓦茨基（Blavatsky）采用。根据布拉瓦茨基的著作，有7个人种组成了地球上的人类，而这7个人种中，每一个人种都分成7个分支人种，这些人种大部分存在于那些消失的大陆里，而只有5个人种演化到现在。布拉瓦茨基的人种论通过神智学学会的活动传播开来。最著名的是威廉·斯科特（William Scott）在他的书《亚特兰蒂斯的故事》（1896）里描绘的失落的大陆和利莫里亚人（Lemurian），后来，鲁道夫·斯坦纳在他的《亚特兰蒂斯和利莫里亚》（1904）一书中，对之进行了进一步的阐述。斯坦纳认为，"人种"一词跟现代种族概念非常不同。

无论从单细胞到多细胞微生物的起源有进化关系或是同时出现的，还是单细胞动物到低等动物再到高等动物，乃至人的生命有进化关系或是同时出现的，首先物质世界的存在是不需要证明和解释的，我们要探索的是生命如何起源于这个物质世界，或者生命如何创造了这个物质世界。

我们可以想象，当这个地球只存在风、水、火、土的时候，没有生命的迹象，最初的生命是一种非物质形式的存在，通过任何的科学仪器和肉眼都看不见的存在。前面讲过四大元素，很多古代文明都相信这个世界的组成基本元素是风、水、火、土。我们都有一个常识，本来有生命的植物和动物，如果在温度高的地方，就会加速腐烂；如果放在温度低的地方，这个速度变得慢一些；如果温度更低，也许就不会变化。温暖是生命发展的前提，温暖也就体现了火的元素，生命最初迹象的出现需要温暖的环境，温暖是一切生命的最基本的需要。可以想象中国神话《盘古开天》中最初的混沌就是一个温暖的环境。

鲁道夫·斯坦纳在他的书《精神科学之门》(*At the Gate of Spiritual Science*)的第十讲中，描写类似混沌的状态是这样的："当地球在黑暗中出现时，首先与太阳和现在的月亮结合，形成一个巨大的形体，由一种极为稀薄的物质形成，称为以太 (Ether)。整个地球是由微细以太组成的物质，一团灵气围绕着它，这个灵气就是组成人类灵魂的物质。"

数百万年后，这个巨大的以太气体收缩变成一个大圆饼，维持了一段时间后，有一个小部分，包含了地球和月球，由其中分离而出，然后人的胚胎成形了。当太阳退出，变成了外在的以太，那些变成了物质体的东西可以被照着反光，这就造成了能见的器官的生成。这段时期在《圣经·创世记》中被如此描述："神说，要有光，于是就有了光。神看光是好的，神就将光和黑暗分离。"

有极大数量的、曾围绕地球的灵性生命已随太阳而去，在太阳上运用其影响力，作用于地球。随着这些以太体（生命体）的成形，便出现了一层星芒体（情感体）。由星芒体像大气一样笼罩着，并融于灵性大气中的地球和月球的共同体，就是地球之灵。又过了数百万年，地球和月球有了相当不同的外貌，动物和植物像果冻或蛋白这类的胶状物质，在这种较浓的物质中存在着人类的祖先，有着初期的器官。而后，地球和月球分离了，月球带走了一种极大的力量，就是人类和动物都需要的繁殖力。每一个生命都只有以往一半的生殖力，其结果就是渐渐生出了两个性别。人现在得依赖另一个像自己的生命来得到生殖的力量，这就是利莫里亚人。

根据斯坦纳对人类演化的描述，更能理解来自各民族的传说。

不能简单地判断传说为不真实的。传说利莫里亚大陆在印度次大陆南部，又名库马拉纳德邦或古默里坎达。这块传说中存在的陆地，位于印度洋海域，介乎马达加斯加岛、泰米尔纳德邦之间。那时，地球进入物理形态，一些群体选择了水，一些选择了植物界、矿物王国，或者是动物王国。利莫里亚大陆的传说经常在神秘学的著作里出现，特别是伴随着火星人、昴星人或来自七姊妹星团的传说。

地球和月球分离后，较密的物质形成了，软骨头的组织开始出现在人与动物身上，渐渐形成了骨头，骨头固体化的过程，相对应于地球表壳的硬化。固体的物质就这样渐渐形成。那时的人没有肺，用管状的鳔呼吸，可以浮游，很像今天的鱼。

数百万年后，地球更加向固态发展，水与固体分离，空气也有了纯净性。在空气的影响下，鳔变成了肺，人于是从水中升起，学会了呼吸，开始生活在空气中。空气是人类共有的我执体。当人进入呼吸空气的层次，火星给地球带来的铁使人类的血变暖了，血也是人类欲望所居之地。

地球经历了许多变化，其他大陆相继出现，最重要的是亚特兰蒂斯大陆，在今日的欧洲、非洲和亚洲之间，利莫里亚人种的后代就分布在这个大陆上。亚特兰蒂斯人渐渐进化为 7 个种族：罗阿人、特拉维利人、塔克人、突厥人、西麦人、亚凯第人、蒙古人。亚特兰蒂斯大陆在一次巨大的水灾后毁灭，大部分人移居至欧洲和亚洲。从此之后，斯坦纳称之为后亚特兰蒂斯时期。

3. 亚特兰蒂斯

斯坦纳认为亚特兰蒂斯之前的人还没具备现代人的物理形态，那时人的生命体只是伸展到头并包住头，到了亚特兰蒂斯时代，人的进化开始进入肉体之中，人就能对自己说"我"了，自我意识就此开始。在精神意识和肉体结合前，亚特兰蒂斯人的灵魂与我们是不同的，他们有很活跃的身体，有很强的意志力，可以在断肢处长出新肢等。他们还拥有较高层次的精神意识，能对自然界施加他们的影响力。他们建造的有机的飞船，能推动植物发芽。斯坦纳在《宇宙的记忆》(*Cosmic Memory*)中也描绘了史前到文艺复兴前这段人类历史中各个文化纪元时期人类的意识状态和特征。

他把亚特兰蒂斯文明看作一个分水岭。有关亚特兰蒂斯的传说，始于柏拉图，在柏拉图的著作《克里特阿斯》(*Critias*)和《提迈奥斯》（*Timaeus*）中都有提及。柏拉图这样描写："在梭伦九千年前左右，海格力斯之柱（直布罗陀海峡）对面，有一个很大的岛，从那里你们可以去其他的岛屿，那些岛屿的对面，就是海洋包围着的一整块陆地，这就是亚特兰蒂斯王国。"后来关于亚特兰蒂斯王国的传说更加世俗化了，海神波赛冬在一个小岛上遇到一位父母双亡的少女，波赛冬娶了这位少女并生了 5 对双胞胎，于是波赛冬将整座岛划分为 10 个区，分别让给 10 个儿子来统治，并以长子为最高统治者。因为这个长子叫作"阿特拉斯"，而称该国为"亚特兰蒂斯"王国。当时亚特兰蒂斯正要与雅典展开一场大战，没想到亚特兰蒂斯却突然遭遇到地震和水灾，不到一天一夜就完全没入海底，成为希腊人海路远行的阻碍。一些研究柏拉图哲学的学者对亚特兰蒂斯的存在抱否定态度，他们认为柏拉图的目的是提倡"理想国"的概念，为了让人更容易明白才会虚构出亚特兰蒂斯的故事。

斯坦纳还从其他来源获得关于亚特兰蒂斯文明的知识，他描绘人类意识发展的时候，在《民族魂的使命》（*The Misson of The Folk Soul*）的演讲集中谈道：亚特兰蒂斯文明消失之后，亚特兰蒂斯文明的意识经过了古印度、古波斯、古埃及、古希腊罗马四个文化纪元，从中世纪 1413 年开始进入了第五个文化纪元，也称为后亚特兰蒂斯文明。斯坦纳描述这几个后亚特兰蒂斯文明期时，都是以一个古老的文明为例子，描述这些古老民族的精神和意识状态。

在这部演讲中斯坦纳提道，后亚特兰蒂斯文明的精神意识被古印度人传承并从古印度开始发展，再按顺序发展到古波斯、古埃及、古希腊和古罗马。同时，斯坦纳强调了亚特兰蒂斯时人类的精神意识和后亚特兰蒂斯的人类意识非常不同，他认为亚特兰蒂斯文明的精神意识特征是，人的物质体和精神体是不分离和统一的，也就是说，人的精神体不会因为在地球上生活，就失去了跟精神世界的连接，人死后也不因为身体不能支持精神存在于物质世界，而回到精神世界，类似道教的天、地、人和谐统一的概念。

后亚特兰蒂斯时代，人类的精神到达物质世界的时候，精神慢慢地离开了精神世界，直到完全失去了和精神世界的联系，最后，人类需要祭典和宗教等精神活动来跟精神世界建立关系。"宗教"这个词 religion 来源于拉丁语的词根 ligare（捆绑），"重新捆绑"的意思。后亚特兰蒂斯的几个文化纪元中，人们的精神生活状态都是试图跟精神世界"重新捆绑"，只是方式不一样而已。直到文艺复兴开始，人的意识发展状态进入了新的阶段，很多人开始远离集体宗教活动，离开教堂，开始各自进行精神"重新捆绑"的活动。

在中国几千年来的传统精神意识中，人的精神和天地是在一起的，因此，没有其他文化那种"重新捆绑"的宗教活动。直到现在，人死了，虽然没有物质身体继续在家里照顾着下一代，可是精神住在家族的祠堂里。人死了，灵魂究竟上天还是入地，都是从外国传到中国的宗教所解释的问题。甚至，一些接受了外来宗教的人，依然在祠堂里供奉自己的祖先，这种意识状态非常特别。

斯坦纳认为，在"意识灵性"阶段以前的人不需要自己去寻求上帝，上帝好像也比较照顾他们。当时的人生活在一个社群中，自然而然地跟群体中的人那样活着，一切都好像是"命中注定"那样自然。在权威面前只有接受，任何人不容挑战传统的权威（包括政治、文化、宗教等方面的权威），若挑战了传统权威，也只好承担那个无法抗拒的结果。可是，大约在文艺复兴之后，人们开始怀疑上帝、权威和传统，人们也怀疑自己，那时就开始了一个漫长的摸索的路程。当时的欧洲，很多精神贵族都希望给这些怀疑的人们指明一个方向，他们也是相信上帝死了，并寻求人应该如何活着的道路。因此，在欧洲可以说是百花齐放，神智学、乌托邦和共产主义就是在这种肥饶的土壤里冒出来的，另外还有其他数不清的新的哲学观点。

当上帝和权威（包括传统、信仰、政治和学术等权威）被自己否定之后，人们应该相信自己，可是，很多人发现自己是最不了解自己的人，又凭什么相信自己呢？一个不了解自己的人，也不一定了解他人。同样，不相信自己的人，也不一定相信他人。说白了，很多现代人失去了认识和了解人的能力，因此而丧失了相信的能力，这种能力就是信仰的力量。信仰的力量可以支撑着一个人，让人有个清晰可见的活法，指导着人的生活方向和生活行为。子曰："不知命，无以为君子也；不知礼，无以立也；不知言，无以知人也。"（《论语·尧曰》）孔子教育学生"知命或知礼"，而最终的目的还是"立人"。我理解的立人就是"信仰的力量支撑着自己，有个清晰可见的活法"。

4. 后亚特兰蒂斯

　　鲁道夫·斯坦纳把整个人类文明和地球的进化史分成了普拉利亚（Polarian）、希柏里尔（Hyperborean）、利莫里亚（Lemurian）、亚特兰蒂斯（Atlantean）、后亚特兰蒂斯（Post-Atlantean）、第六（或印鉴）［Sixth（Seals）］和第七（或特姆普特）［Seventh（Trumpets）］七个纪元。我们人类在这个地球上处于后亚特兰蒂斯，也就是第五个纪元。人类在后亚特兰蒂斯里也经过了很多文明的洗礼，斯坦纳根据古文明演变，认为人类文明经过了古印度、古波斯、古埃及、古希腊罗马时代，然后到了现代。若把这些文明称为文化纪元，我们也是处于第五个文明时代。

　　斯坦纳在《世界秘密社团的著作》（*The Work of Secret Societies in the World*）中提道：我们生活在第五个伟大的文化纪元、第五个文明时代，人类仍然要经过两个伟大的文明时代的生活，再进入第六个和第七个纪元。同样，在第六个和第七个伟大纪元里，都要经过七个文明时代。这使得人类进化到十六个阶段。人类至今仍未爬上第十六个阶段。任何一个人如果能体验到这种精神意识的进化，都有可能在一定程度上开悟了。具有一定程度上的开悟和体验到一些文化时代的秘密，具有相对应的关系。人类经过了七个伟大的纪元，并且在每个纪元中又经过七个文化纪元，从而完成七七四十九个阶段的体验，才可以说达到了启悟。

斯坦纳在《精神存在对人的影响》（ *The Influence of Spiritual Beings on Man* ）一书第七讲里说道：人是纪元精神作用的产物，伟大的纪元是在更高精神存在体的引导下，作用于小的文化时代。这才是最原始的力量，并把这种意识带给人类，自始至终地指导着人类如何依据时代的精神过着他们的生活，如何组建自己的政府，建立科学，耕耘他们的土地，通过人类把意识带入动物世界。因为，精神存在并不能直接作用于动物世界，所有这些指引人类活动的精神存在，都是来源于原始的精神。

文化、肤色、语言不同的人不一定是不同人种；文化、肤色、语言相同的人，也不一定是相同人种：是更高的精神存在体让一群人承载着某种民族魂。斯坦纳的《民族魂的使命》中有进一步的阐述。

"在亚特兰蒂斯中期的时候，首次出现了物质身体全部被包裹着的人（精神性的人），那些在更高层次的精神存在。有种跟神说再见的意味，这些精神存在，一步一步地深入到物质世界来，这样就经过了三个伟大的纪元，第三个纪元利莫里亚，第四个纪元亚特兰蒂斯，接着是要经过另外三个纪元，我们今天在第五个纪元。利莫里亚纪元是经过重大的火灾消亡的，亚特兰蒂斯是经过地震和水灾而消亡的，而我们将经过其他力量消亡，经过人性中的不断膨胀的强大的个人主义，由此而进入战争，相互灭绝。"鲁道夫·斯坦纳在他的书《宇宙、地球和人》(*Universe，Earth and Man*)的第十讲中这样肯定地说。

之后，该书对后亚特兰蒂斯的历史和各个文化纪元做了简单的描述。目前，我们处于第五个文化纪元。它的开始是春分点，作为标志性的天文事件，春分时它从白羊座进入双鱼座，那发生在1413年。而第五个文化纪元不只是从前面的文化纪元简单过渡而来，它是一个根本转折点。斯坦纳说，在此之前的纪元里，人类意识仍生活在一种梦幻般的、精神化的、本能化的状态中，只有从第五个纪元开始，我们的意识才完全进入物质中。

5. 意识发展

在人类历史的史前阶段，正如人在 3 岁以前的时候那样，几乎没有记忆，对世界的认知也是无意识的。因此，人类史前阶段的历史是无法证实的。那时，人类的意识和对世界的认知像梦一样，精神世界与物质世界没有明显的界限，人类史前阶段的历史就如神话和童话故事里描绘的世界那样。人类早期的历史，实际上是由历史碎片的民间传说，由可以考证的部分和口头传说的部分组成。人类这段历史就如人 3 岁之后对世界的模糊记忆那样，童年阶段的记忆只是一些历史碎片，形成了半真半假的早期历史。从人可以记忆任何发生在身边的事起，人开始贪生怕死，开始承认权威的存在，也有服从权威的需要，从此才确立了人与世界的关系，形成了有记载的人类历史。当有一部分先知先觉的人的个体意识觉醒之后，这部分人的个体意识会通过成为政治领袖和精神领袖表达出来，而地球上绝大部分人，其意识都是处于群体或族群统一的状态。一些人有着无畏牺牲的精神，敢于挑战权威（包括政治和信仰权威），形成了绵绵几千年的斗争历史，那些人正如进入叛逆期的少年那样无畏权威，那个时代就是人类历史上漫长的青春期。

文艺复兴初期，人类的个体意识普遍觉醒，展现和强调个体的自由精神。这个时候，欧洲很多地方开始告别了权威年代，人类已经走出了精神迷茫的时期，步入成熟的发展阶段，如一个人告别了缺乏理性、争强好斗却迷失方向的青年阶段，准备步入一个相对稳定和成熟的后青年阶段。如果这个时候的人还是无法展现自己的自由精神，这个人的意识发展就不正常了。对权威念念不忘，而遏制人的个体自由精神，那实际上是历史的倒退和对人性的违背。这就是在历史发展到了此时此刻，以人为本才成为普遍认同的价值的真正原因。

用人类的意识发展分析人类的发展历史，不难发现人类的文明发展跟人的意识发展息息相关，从人类对物质世界和精神世界的认知，以及人类跟自然的关系中看到，人类的意识发展是一个非常缓慢的过程。从人类史前阶段的意识来看，那是人类的婴儿期，在那个历史时期，一个人从出生到死亡，他／她的意识都跟婴儿时期的意识相似。当人类可以模糊地记下一些历史碎片，并逐渐能够完全记载历史，类似现在很多传说故事里的历史那样，在那个历史时期，一个人从出生到死亡，他／她的意识都跟童年期的意识相似。自从主权国家建立和有组织的宗教信仰形成之后，人类建立起了政治和信仰权威，从权威的建立到消失，人类的意识跟青少年时期的意识状态相似。在这个漫长的历史长河中，人类的意识的发展，经过了婴儿期意识、童年期意识和青少年期意识。

鲁道夫·斯坦纳认为，人类意识在中世纪后期开始进入了前青年期意识，并步入成熟的后青年期的意识，中世纪后期也是有历史记载以来人类的意识相对成熟的阶段。当然，这个时候，也有一部分人的意识进入了成熟阶段以后的发展，因此，在文艺复兴后期，西方很多人开始全面检讨人类曾经走过的路，并提出人类将走向何方的问题。

第二章

文明发展简介

　　古人描述出生的奥秘时，经常说是仙鹤带来了婴儿。在那些仙鹤故事中，有一幅人的自我被鸟从天国带到尘世的图景。这比出生的生理过程更为重要，因为对于我们的祖先而言，精神的"出世"更重于身体。

1. 人与动物

今天，科学界对人的物质部分已经熟知了，也许过于熟知了，以至人的精神不再被人看见了。一个受精卵固定在子宫壁里，很像一颗植物种子埋在泥土里，子宫里的胚胎就从受精卵中长出来。母亲的"土壤"、母亲的血和生命力量，养育着它的成长，胚胎无所顾忌地把这些生命的力吸取到自身。在这个阶段，母亲腹中的小生命类似植物的生命，然而若把人看作仅仅是一种生物体存在却是荒谬的。如果这样，生命就没有任何的目的，也没有任何的使命，在这个世界上的存在也没有了理由。

植物确实是纯粹的生物体，而动物除了它的生物体，还有灵魂。它活在动物身体内，让它能够表达喜悦和悲哀，表达植物所没有的感情。动物能有一个灵魂，因为它的身体和植物的很不一样。并不是身体创造了灵魂，而是灵魂需要一个与植物很不同的有机体做生命的载体。动物和人的区别就像植物和动物的区别那样大。高等哺乳动物和人类的最明显的区别是：动物在出生时或出生后不久就拥有了它生存所需的一切能力，而人必须缓慢地逐步掌握各种能力，要成为一个真正的人是非常艰难的。动物出生后只需要个头和力量长得更大，能够生产后代，学会生存，此外就没有什么新需要了。

人在出生时是未完成的，无力维持自己的生命，甚至不能从一个地方挪动到另一个地方。与幼小的动物相比，人类的婴儿出生时是不成熟的。叔本华的话"一件事物越是高贵和完善，它的完成需要越长的时间"，说出了人类发展的本质特点。在这里完善不是指事物的身体状态，而是指精神层面。动物的所有器官和身体能力都远比人类发展得更完善。动物的腿比人的腿更强壮，能跑、能跳，游得更快更好。动物的腿是专门为此发展的。然而幸好有非常不同的"完善"，人类的手完全不同，没有为专业化的分工而发展，所以人类能用它来做"任何事"。单单这一点就足以清楚地显示动物不可能是人类的祖先，因为一种专门化只能从未专门化中发展而来，所以人不是猿的后裔。

猿和其他高等哺乳动物是人的"亲戚"，人在发展过程中与它们分道扬镳了。这就是为什么新出生的幼猴看上去和人那么相像，尤其是头的形状，也是为什么随着猴子长大，这些相似消退了。如果人是猿的后裔，那么新生儿应当长得像猩猩才对。

动物也有灵魂，而人的精神与灵魂有着怎样的不同呢？人类最简单也最具特点的是直立的姿势、语言以及思想。没有哪种动物是真正两条腿直立站着或行走的。而另一方面，人唯一的典型的姿势是直立，当我们说"一个正直的人"的时候，除了指他的性格，也暗示那人人品好，人品不好的人被称为邪。灵魂需要中心，也只有人类才有灵魂的中心，有中心的灵魂才是人的精神。人会根据自己的性格，把灵魂和身体作为工具去使用，如同神圣的火花在燃烧。这个精神的火花把某一个体区别于其他所有人，它也可以被称为"我"或"自我"。"我"就是一个人的生命最内在的核心，是其他个体能接触、体验到的人的本质，是每一个人独一无二的本质。

2. 人的自我

　　人是唯一具有说"我"的自由的生物。人的大脑能容纳一切想象得出的思想，人的手能抓住一切东西，人的心向往着一切，人的意志欲求着一切，人不像动物那样受自然规律的束缚，是因为人有一个自我，自我在很大程度上能自由行事。这个自我是人类生命独有的部分，正是这个部分为一个人建造了自己的身体，人在出生时，自我占有了这个身体。当然，未出生的胎儿在子宫里就是有生命的，因此不能说人的生命从出生时才开始。但是，在出生时，人的自我才和身体相联结，而且，还要经过很多年，从母体里来的身体才能完全被孩子的自我所充满，因为自我为了建立它自己的身体，必须首先转化和更换每一部分得自父母的生命物质。这种物质的更换持续一生，也注定了人要不断地转化自己和完善自己。

　　自我与身体的联结过程被称为"出世"。在出生时与身体联结的精神自我从何处而来呢？出生前的胎儿的状况又是怎样的呢？在古时，人类在描述出生的奥秘的时候，经常说是仙鹤带来了婴儿。那时的孩子与今天的孩子出生的情形大部分还是相同的，然而，许多民族都在童话故事里讲述着孩子如何到这个世界来的故事，都说到了白色的鸟如天鹅、鸽子和仙鹤等给人类带来了帮助。这些白鸟是对那些在精神世界和物质世界之间建立起联系的存在体的一种图画式描述，是一种符号象征。所以在仙鹤故事中，我们脑海中形成一幅人的自我被鸟从天国带到尘世的图景。对于我们的祖先来说，这个过程显然是决定性的，比出生的物理过程和生理过程更为重要，因为对他们而言，精神的"出世"重于身体。

自我在人出生时投入到身体里，在死亡的一刻，当身体分解时，它离开身体，再一次成为单纯的精神存在。自我居住在精神世界里不需要户口和国籍，也不需要房子和食物，它原本就是来自那里，只是一度到大地上生活了一段时间。今天的人类从整体而言，已经不再相信自我在精神世界经过了一段长长的旅程后还会回来。也许要过几个世纪后，再次投胎到一个新的身体里，由新的父母生养，这个过程叫作"再次投胎"。

现代人接受了科学教育，认为这样的观点或知识不可靠、格格不入。人们自然不会尝试去"相信"它们，因此，最好就是不要相信。不过，可以让自己更详细地了解这些被认为是宗教的知识，然后试着让这些观念停靠在自己的生活中一段时间，以此来体验自己的疾病、命运和死亡等人生境况。事实上，一个人也许要等整个生命结束的时候，才会获得新的意义。人在地球上的生命是相对短暂的，而自我的完善才是一个漫长的过程。如果不站在这样一个视角看人生，人就不会为来生而补偿，遇到孩子的死亡或命运的打击时，就无法摆脱这一生的煎熬，也不能理解为什么"坏人"受到命运的垂青，而"好人"遭遇无尽的不幸。

因此，孩子降临到我们中间是一幅美好的图景，孩子会自我展开来完成他们的使命，我们应当带着尊敬接近他们，理解他们来的目的和意义。如果我们保持着这种内在态度，决不会犯许多父母常犯的那种错误，把孩子当作自己的财产甚至实现自己的愿望的玩具，我们也不会夸大自己的能力——创造了孩子。虽然，没有男人和女人的结合或没有子宫就不会有孩子的出生，但是，肉身是为一个神圣的创造而准备，是男人和女人接触的一个结果，并且自我的一生是有精神的命令安排的，在精神体与肉身联结这一奇迹般的事件中，父母仅仅是一个帮助者，自我旅程还是每一个精神个体通过身体和心灵在大地上来完成的工作。

3. 人与自然

人类的意识是如何产生的？人们究竟是如何生活的？远古时代的人类对人与自然的意识是怎么样的？人类的史前阶段究竟有多长？

人们对这些问题站在不同角度的回答都不一样。人类生活完全是靠自然界中的水、植物、动物的尸体甚至人的内脏和血肉为生的社会，人类没有文字沟通、农业耕种以及政治和社会结构的社会被称为落后的、野蛮的原始社会。在这样的社会里，人类跟宇宙万物一样自然地出生、生长和死亡，人类的生命只是自然界的一部分，跟日月星辰、春夏秋冬的变更一样，人类在这个地球上来来往往，并未意识到这个世界跟自己有什么区别，天、地、人为一体。由于没有文字和历史记载，谁也说不准人类这样的日子过了多久，因此，我们的历史课只是从有记载的历史开始，无法考证的历史留给哲学家、宗教家、科学家甚至政治家去争论。用人类意识的发展来看人类历史,人类在还没有学会农业耕种和动物饲养之前,在人的意识中,人与自然为一体,即是无意识的一元状态,人类史前阶段应是人类发展史的第一个阶段。

历史的本质取决于人跟人之间、人跟世界万物之间的关系,我们可以用常识去推断人类跟世界是什么样的关系。在自然状态下生存的人靠采摘野菜和野果,捕鱼和狩猎为生。但是有时候狩猎回来的动物一次吃不完,杀了又不能存放太久,于是就想办法把动物圈起来,找一些草和水果之类的植物来喂养。过了一段时间,发现动物生了幼子,食物多了起来,于是人类就学会了饲养。动物吃完了草和水果怎么办?人们到别的地方去把野草、野菜和野果搬到自己栖身的地方堆积起来,时间长了,堆积起来的野草、野菜和野果,自然而然地长出新芽,进一步成长为新植物,最后开花结果。人们从中得到启发,并开始了植物的栽培,于是,人类开始了农业耕种的历史。

动物饲养和植物栽培,英文为 cultivate,cultivate 的名词为 culture,即文化。人类有了对动物饲养和植物栽培的知识之后,希望把这些技术传递给下一代,因此,在人类对动物饲养和植物栽培的同时,也教育(cultivate)了下一代,英文 cultivate 也有对人的心智的教化、性情以及人格熏陶的意思,人类也从这里开始了教育的历史。经过栽培（cultivated）的人，就是有文化的人。cultivate中的 cult 是指一群有共同信仰的人或一个部落，那么说明了从农业到教育，都是承传人类的文化和文明成果，但都不是一个人能完成的事，而是一群坚持了共同信仰的人在生活活动（劳动）中进行，从而创造了人类的文化和文明。

人类进入农业耕种时代之后，必须学会认识自然才能进行农业耕种。于是，开始观察和学习日月星辰、春夏秋冬四季变化的规律对耕种的影响。人们开始开启宇宙的奥秘，在不断的探索中，人们开始意识到自己跟天与地的区别，认识到自然对人类生活的限制，并意识到自然是何等的深奥和伟大。人们相信大自然是哺育着人类生命的神圣母亲，人类也像森林一样感受着土地，从土地中吸取人生所需的全部养分，因此，人们敬畏和崇拜上天（西方指上帝）恩赐给人类的大自然。无论生活在地球上哪一个角落的民族都相信这个唯一的至高无上的上帝（大自然或宇宙），并在劳动过程中，或春耕和秋收的时候，进行各种敬天祭神仪式和庆典活动，对上天表达了敬畏和感恩之心。

人们为了更好地进行农业耕种和动物饲养，更加注重学习和研究，不断地改进生产工具，以及发展其他相关的科学技术。也就是说人类开始了农业活动之后，人类在地球上才开始有了真正意义上的文化活动和科学活动，步入了人类文明的时代。当人类进入了农业社会之后，人们的意识中有了"我与大自然"的二元关系，其关系用老子的话来说应该是"顺其道，行其意"，而最终目的是天人合一。这种天人合一是人类有意识的追求，可以说，这时候人类发展进入了第二个发展阶段。自从人类的意识中有了"我与大自然"的二元关系之后，人类在这个地球上的活动中建立起人与自然互动的崭新关系。

人类意识中的二元关系，持续了很长的历史，直到人类把上帝和大自然分开崇拜，在人类的意识中有了人、自然和上帝三元关系之后，才步入第三个发展阶段。当时，人类经过了多年改造自然，积累了丰富的技术和知识，在星象学、数学、几何、植物学、医药和建筑等方面已经有了长足的发展，并认为人类可以征服自然了。因此，从那时开始，人类也漠视了自然。漠视自然的直接后果是失去了跟精神世界直接沟通的能力。于是，人们试图通过物质和技术来获得精神的源泉。据《圣经》记载，在今天相当于巴格达附近的地方，人们曾想建造一座通天的巴比伦塔，使人类的智慧达到上帝的高度。上帝把他们的语言搞乱了，使他们彼此不能听懂对方的语言，巴比伦塔成了人类历史上第一座烂尾楼。

那时候，人类已经远离上帝，已经没有能力直接跟精神世界沟通了。人类必须依靠上帝派下来的使者，如耶稣或穆罕默德，或者走出王宫的凡人，在菩提树下成佛的释迦牟尼等等，作为能与天上和人间都可以沟通的精神和物质化身，带领着人间的凡夫俗子开启人生和宇宙之门。只有信从这些至尊的人，并把生命托付给他，人才能得救，才能跟精神世界有缘。人们在跟从耶稣、穆罕默德或释迦牟尼的路途中，听从他们的教诲，建立了基督教、伊斯兰教和佛教三大主要的宗教。

4. 宗教和精神意识

　　自从人类生活兴起了有组织的宗教，宗教组织者和领导者通过宗教活动引导和主宰了人们的生活方式和价值观，人类历史步入了另一个台阶，人类的意识发展到了人、自然和上帝三元意识。当人类意识在一元意识时期之时，人们的意识中，精神世界与物质世界为统一的单个世界。当人类意识在二元意识时期之时，人类的意识发展到了第二个阶段，开始意识到精神世界归精神世界而物质世界归物质世界。当人的意识中没有物质世界和精神世界的区别时，任何人都可以直接跟精神世界沟通，领悟到来自精神世界的启迪，跟精神世界直接打交道。当人类的意识发展到了人、自然和上帝三元意识时，有了耶稣、真主和佛陀等精神使者或其他精神领袖的出现，才说明了人类必须靠精神使者的带领，方能领会精神世界。基督教的意识是上帝、子民和世俗，圣父、圣子和圣灵三位一体的基督乃是神，其本质为一。佛教认为世界为欲界、色界、无色界，宇宙包罗万象，包括诸多的精神现象、物质现象，必须以缘起、性空、中道的智慧来观察这个复杂变迁的宇宙。无论任何一个宗教都有天堂、人间和地狱三层空间，并针对前世、今生和来世来解答"人生之谜"。其中的三个问题是：人从何而来？人到地球上来是干什么的？人的归宿到底在哪里？围绕着这三个长期困扰着人类的问题，人们做出了无数种解答，最终成为各教派的经文和教义。但是无论经文和教义如何不同，他们都以追求身体、精神灵魂与自然的和谐统一为人对宗教信仰的追求目标，从而形成了人、自然和上帝的三元意识。

从有组织的宗教兴起之后，人类的生活就离不开信仰和宗教团体了。宗教信仰的有组织发展，客观地建立了信仰权威以及人的心灵内在秩序。同时，随着国家的兴起，统治者通过暴力建立起政治权威和世俗权力，世俗权力通过残酷的法律和刑法建立起人类心灵外在的秩序。在强调宗教和政治权威的时代，人们的心灵都会被捆绑起来，人们没有自己的个体意识，人们的意识形态和价值观以群体或族群的形式存在。这种群体意识观念在历史上也存在了很长时间，目前为止，在独裁和专制的社会里，还是普遍存着群体意识。其实，人类经过了一个漫长的信仰和政治权威的统治，人类的个体意识的成长也必须经过权威阶段。直到人的个体意识从群体或族群意识中脱离出来，成为"自我、群体、上帝和精神世界"四元意识，人类的个体意识的觉醒才开启了人类近代文明。

在人类历史发展的很长时间，由于宗教权威和政治权威狼狈为奸，大大小小的帝国和王朝，都是政教合一地奴役人们的心灵和身体，人类的个体意识被集体埋葬了，直到欧洲的文艺复兴，人们开始挑战教廷的权威才掀开了人类近代文明的序幕。在此之前，虽然在强大的宗教和政治权威的统治下，世俗生活中不乏有独立的个体意识的人挑战政治权威，但是这些挑战权威的人，其目的总是希望代替现有的权威，轮流坐庄，从而造就了绵绵几千年的暴力和血腥的阶级斗争历史。在斗争哲学占主流的社会里，认为人类的存在实际上是为了交替使用和拥有生产资料和政治权威而斗争。历史是阶级斗争的产物，一度成为不可逾越的真理，那就是为什么人类历史也一度进入了对精神世界迷茫，以及对抗权威的阶段的原因。

经过基督教洗礼的欧洲，基督教文明成了欧洲的代名词。基督教教义塑造了欧洲人的基本道德意识形态、人格模式和行为规范，也给欧洲人增添了关于人具有道德意识和内在自由精神的观念。文艺复兴以前的文学和艺术作品，几乎都是以歌颂上帝，为宗教服务为目标的。突然间，意大利的艺术家和诗人米开朗琪罗（Michelangelo，1475—1564），在他的画《原罪和逐出伊甸园》中，改变一成不变的传统，他高度赞美了人的肉体和生命的完美，表达个人意识和预示近代人的思想意识迈向强调个体精神灵魂的自由，实际上，也是人的意识从群体意识走向个体意识的标志。莎士比亚笔下的人物很多都是在这种宗教文化背景下，人的群体意识开始解体，进而重新发现人的丰富的个性。他开始对人的存在和精神自我，以及情感和思想的丰富多样性进行探讨和描述。其他艺术家和文学家也开始意识到个体意识的存在和注重表达个人价值观，通过文学和艺术来表达其个体意识和个性的人文思想，创造与宗教题材无关的艺术作品，甚至批判、攻击和丑化宗教以及传统。从此之后，人类的个体意识开始从宗教信仰和偏执中解放出来。

在欧洲，人类的意识经过文艺复兴的洗礼之后，人的个体意识普遍觉醒，并宣告每一个自由的精神灵魂不再需要神父、牧师和传教士作为拐杖去认识上帝（获得心灵自由）。历史已经到了每一个独立的精神灵魂该行使上帝赋予的自由的权利，以及履行自由的责任的时候了。在迈向精神世界的路途上，必须自己背负自己的十字架，自己体验耶稣基督（Christ in Me）的苦难。基督教中有个基督科学教派，就是这样强调的：在个人体验和理解的基础上信仰上帝，才是科学的信仰，否则是愚昧的盲从。每个精神个体都有责任去寻求自己的精神经典。有些人经过了一辈子的苦苦追寻，终于还是找到了自己的上帝，也许都像80岁才接受基督教洗礼的林语堂老先生那样，那个一辈子苦苦追寻的，原来就是一开始就谋面，但又故意避而不见的上帝。不过，也有很多人一辈子都跟上帝无缘，到头来也是"尘归尘，土归土"。上了天堂和下了地狱，也许都一样，因为天堂和地狱，只有相信才存在。然而，在迈向精神世界的荆棘途上，一个令人困惑的问题是："为什么万能的上帝造人的时候，不把信他的基因放在人的身上，而是故意让人类成为一群迷途的羔羊呢？"

自从神将亚当和夏娃逐出伊甸园之后，人类开始跟上帝作对。虽然那座半途而废的巴比伦塔已经说明了人类是何等的渺小，但是人类从没停止过违背上帝的意愿。

随着科学技术的不断发展，人类更是到了疯狂的状态，如今人类的技术发展到了可以解读基因，人类也学着做造物主，造植物、造动物，甚至造人，人类宣称终于掌握了上帝的技术，解开了生命的谜团。人们可以解读人类身体的所有物质部分，甚至可以改造人的结构，但是，组成人的自由精神（free spirit）并非由基因构成的，如果聪明的人类可以创造人的精神，那一定不会像上帝那样给予人类自由精神，他们一定是创造一个可控制的精神。

5. 个体精神

　　人的精神是人类区别于其他植物和动物的特征，没有哪一种植物和动物能够像人类一样热爱独立、自由和尊严，所以，在世界上，凡是有人类聚居的地方，都有着同样含义的词句在世代流传："不自由，毋宁死。"人的自由精神是与生俱来的，在基督教中说是上帝恩赐给人类的。人的自由精神表现在人独立的个体意识上，人有了个体意识才知道自己的自由精神，人才有顺从或叛变上帝的主意的自由。在欧洲的文艺复兴发生之前，人们归附于上帝并非出于自己的自由精神和意愿，乃是出于生活环境和传统权威的压力归附于上帝。当人类的个体精神普遍觉醒并开始全面挑战宗教和政治权威之后，人的个体意识才从群体中独立出来，并形成了个人、群体、自然和上帝四元结构，构成了近代人文主义的根本。同时，在欧洲也出现了排斥性的人文主义，或者说科学主义的人文主义。这个人文主义，在西方叫作凡俗人文主义

（Secular Humanism），它突出人征服自然的能力，认为人跟自然之间是抗衡的，人和人之间是斗争的，人和上帝是决裂的，这是达尔文主义的斗争哲学。这一套适者生存、优胜劣汰的思想，正是科学主义最有代表性的。正是这种思想说明了人类的自由精神觉醒之后，并非都回到上帝的旁边。

有了与生俱来的自由精神，人类才像亚当和夏娃那样创造人的原始罪孽，但是，人也可以像众多的圣人那样给人类带来福祉。创造人类的福祉，就要依靠人类的自由精神。因此，人类的自由精神不但是上帝给人类无偿享用的权利，也是让人类承担"人"的责任，上帝给人类地球甚至宇宙作为舞台，让人来这里实现做"人"的愿望，可是，人类长期以来都试图征服、破坏甚至毁灭这个地球（拆自己的台），这种"人"还算是真正意义的人吗？许多人为了满足自己的私欲，在地球上成为行尸走肉，失去自由精神和尊严，这样的"人"还算是真正的人吗？

每个人都是在学习做"人"的过程中完成一个人的历史的，但人类的历史并不因此而停止。在如何做"人"这个问题上，很多宗教为作恶者建立了地狱，奉劝世人修善和进天堂，或者超脱生死，追求永恒。儒家不相信前生和来世，追求的是今世的"为己"，完成自己的人格。儒家学术讲人性和天命，讲圣人之学以及怎么样做圣人，更全面、更纯真、更完整的人就是圣人。但是，刻板地以圣人为学习榜样，个人自由精神受限，内在价值不能充分发挥，这就是儒家传统的局限。

追求文明的现代人所提倡的以人为本，应该是以人的自由精神和个体意识为本。无论社会的发展以什么为本，人类生活发展的最终目标，都应是建设一个文明的社会。文明的社会归根到底还是落实到每一个公民的身上，文明的社会最小的单位就是个人，只有个人的文明实现了才有社会的文明。尽管在人类文明发展史上，一直是以部落、宗教、国家等为单位占主导的，但是每一个公民都会突破文明单位，回归个人的成长。这个文明突破的过程，其实就是个人文明的社会化过程。

以人为本的实质是在教育、文化、政治和经济发展领域，都尊重和保障人与生俱来的自由精神，以人的发展为中心，确立个人与人群的社会关系。人们在精神文化方面是自由的；在政治权利方面是平等的；在经济生活方面是兄弟般的合作关系，而不是剥削和被剥削的关系，也不是适者生存和优胜劣汰的关系。因此，应以维护人与人的这种关系为中心，来树立全面、协调、可持续的发展观，促进经济社会和人的全面发展。

最初进入农业社会的人类社会文明是从个体化的生活活动中造就的人类社会文明，而现代的人类社会文明应该是从社会化的生活活动中造就的人类社会文明。因此，在这个社会化的生活活动中，追求个体精神、人群、自然和天道合一，是人类社会文明的新起点。寄望人类从现在开始步入人类文明的崭新历程。

第三章

人的研究

　　每过七年，我们到达人生一个更高的阶段。这意思是说我们的内在跟外在不再互相适合，外在需要被褪去或转变。这七年的节奏在宇宙规律中找到根源，就如同一个星期的节奏，它有自己的活力。

1. 人的周期性

　　鲁道夫·斯坦纳从精神角度对人的研究和认识是人智学的基础，他还提出宇宙万物的演变和历史的发展都是周期性的，并且都有内在的连接。现在，先看看人的生命周期。

　　在一般情况下，我们在人生的头三个七年里发展出了物质身体、生命体和星芒体，后来，我们再用自我意识来连接这三个部分，这是在 21 岁应当完成的工作。在这 21 年里，我们首先要学会让自我意识对身体、生命体和星芒体负一些责任。这时，也许我们可以说，我们或多或少地成年了，并开始了我们有意识的生活，准备进入未来的一个个七年期。每一个七年期中，我们缓慢有序地发展，都会显示出"正常"的发展，当然，每一个人可能会被"卡"在某一阶段，或从一个创伤跳到另一个创伤，最重要的是我们要经过这个人生阶段。

第一个周期是 0 岁到 7 岁，这个时期人的生命力主要用于构建物质身体，并重点发育三大系统中的神经系统和感官系统。神经系统起源于胚胎的外胚层，在受孕后的 10 周到 18 周为大脑皮质细胞分化的旺盛阶段，在妊娠 6 个月内胎儿的脑细胞数已接近成人，约 100 亿个；出生第一年脑发育较快，相当于成人脑重的 75%；到 6—7 岁时脑重量达 1200 多克，基本接近成人，神经髓鞘基本上发育完成，大脑各叶的分化也渐趋成熟。1 岁、3 岁和 5 岁，儿童的各个方面会有明显的变化。比如 1 岁左右的孩子学习站立、走路、说话，即使摔倒了若干次还要爬起来，说错了若干次还要说出来，这种强大的身体学习意志（willing）对人的一生影响巨大；3 岁左右能说"我"，5 岁左右的孩子可以讲述比较完整的故事和独立做一些事情，这些里程碑式的变化都标志着孩子自我意识的逐渐地进驻。这个时期孩子的意识是与周围环境一体的，整个身体像一个"大眼睛"接受环境中的一切，靠"模仿"来学习。

第二个周期是 7 岁到 14 岁，人的生命力重点用于发育心肺韵律系统。7 岁开始换乳牙的时候，儿童完成了将父母遗传的第一套身体更换为自己的身体的过程，灵性逐渐关闭，生命力从构建身体的工作进入了建造星芒体（感觉、情绪、记忆力）阶段。在 9 岁和 12 岁期间，也会出现明显的变化，孩子感觉到自我与周围世界逐渐分离，成为一个独立的个体，出自内心深处的孤独和欲望等类似于动物的感受支配着人的行为，呈现出人的动物性特征。这个时期主要靠对成人"权威"和楷模的信任和渴望来学习。

第三个周期是 14 岁到 21 岁，人的生命力重点用于发育骨骼、生殖和代谢系统，第二性征出现，身高和体重迅速增加。这个期间在 16 岁和 18 岁会有明显的变化，16 岁以前靠"兴趣"学习；16 岁以后心智、思考力、想象力、判断力、决策力等迅速发展，主要靠"思维"学习；到 18 岁时，物质身体已接近成人，抽象逻辑思维占主导，到了人性的发展阶段，渴望探索这个真实的世界，执着地追求自然界中的真理，并在寻找真理的过程中挑战老师和家长的权威。

斯坦纳在《人智学启迪下的儿童教育》(*Education of the child in the light of Anthroposophy*) 中提道："未出世的胎儿被密封的母体所环绕着，同样的从出生到换牙之前（大约 7 岁以前），幼儿的物质身体仍被生命体和知觉体（星芒体）的保护鞘层保护着。只有在换牙阶段，生命体的保护鞘才解开了以太体。而知觉体保护鞘则仍然存在，直到青春期，知觉体才在保护鞘解开后，完全地得到自由，这种情况正如同物质体在诞生时变得自由、生命体在换牙时变得自由一样。"

斯坦纳认为人出生三次，第一次出生是指母体十月怀胎，足月出生的婴儿身从母体脱落，成为自己的身体；第二次出生是在家庭的"第二个子宫"中继续孕育 7 年，被妈妈的以太体笼罩着，孩子换成自己的物质身和以太体；第三次出生是在学校的"第三个子宫"中孕育 7 年，星芒体开始萌芽直至星芒体（情感体）足月出生。在第二和第三个"子宫"中，父母和老师需要模拟母体第一子宫的状态：温暖、柔软，有节奏、弹性，无条件地接纳、爱、支持等，有的老师称此为"品红色特质"，然后孩子才能独立去探索和面对世界。成人的局限性，有条件的爱和支持以及过早地把孩子推或拉入坚硬冰冷的物质世界，使得绝大多数孩子都不是"足月而生"，即"不完整出生"，造成生理和心理等多方面的缺陷，而孩子长大成人以后再到社会上到处寻找外在"碎片"来填补这些缺陷是十分艰难的。

21 岁到 42 岁，是人生第二大阶段，这是人的身、心、灵都比较稳定的阶段。这时，身体成熟，自我意识比较独立，作为"成人"，可以支配人的行为，去社会上实践 21 岁以前学习的理论知识和技能，获得对周围世界更加真实的体验和满足。在 28 岁和 35 岁左右人生会有重大的变化，比如到 28 岁左右，经过身体、情感、智能和意志的初步整合，人们已经学会了在这个物质世界的生存技能，找到了另一半——生存和情感伴侣，所谓"立业成家"；到 35 岁获得物质世界个人价值的呈现和满足，职业上似乎无所不能，并且生儿育女延续了生命，这个阶段是星芒体（情感体）驱动的学习阶段，人们努力去实现自己的理想和愿望。如果没有完成 21 岁以前的学习成长，35 岁到 42 岁就会出现"中年危机"，在物质世界中很满足，却无法获得情感和心灵的满足，就会彷徨、失落和痛苦，就会在物质世界越走越远，企图通过外在的标签和认同填补心灵的匮乏和空虚，事实上却适得其反。

先看看第二大阶段第一个七年周期，从 21 岁到 28 岁。年龄为 21 岁到 28 岁之间时，我们觉得一切皆有可能，例如跟一个酗酒的人结婚，因为相信自己有足够的能力让他停止喝酒；或者产生为世界的生态环境而工作的想法，坚信每个人都会接受自己的想法。现在到了这个时期，一个人要面对自己的极限。把所有的事情都做好是不可能的，而自己可以实现的只是自我中的某些部分。一个人一定不能高估自己，"非我，而是神之于我中"，这一认识会成长为精神的现实。

一方面，我们有高估自我的倾向；而另一方面，也有很多人——主要是一些妇女，在之前的年月里可能由于完全投入在照顾家庭和教育孩子上而觉得自己什么也没有学到，也没有找到合适的工作，他们因而会低估自己的创造能力。因此也会存在另外一种倾向，就是低估自己的创造力。这时，个体再次回顾：有哪些目标在我达成职业目标的过程中被遗留了呢？怎样重新给予这些元素以新的活力？这时候，个体感觉到了一直照顾自己到 21 岁的天使已经离开，不太依靠精神的力量，而是非常物质化地看待问题，好像所有的理想都会实现。

28 岁到 35 岁是第二大阶段的第二个七年周期，这期间，感觉到自己一生都在外部寻找人生的主角，从现在开始看到了这人生的主角真的就在自己的内心。我们之前提到的一些对死亡的体验是由于机体退化的过程引起的，我们的有机体现在正从物质身体上升入意识层面。但它可以容许意识有相当的扩张。我们开始关注事物的根源，并会冷静思考，会分清什么是真正重要的，什么是不重要的。我们经常会有精神上的体验，或许可以听到日落时"太阳的回响"，或者在观察花时会突然悟到生命的真谛。我们跟他人的关系也会得到深化。我们成功地从自我中心状态中抽离出来，并且可以觉察到他人真实的一面，可以看到他人的伟大之处。如果我们理解了一个人或者一个主体的本性，我们会忠实地对待他，如同坚定自己的宗教和信仰。伟大的精神上的提升开始了。我们所说的话越来越多地包含了对生命的体验了。

然而，在这一人生阶段中，我们也可能会掩饰我们内心的空虚，试图逃避自我，试图通过酒精或可卡因来避免面对自我。很多人也会面临屈服于物质主义的危险，他们希望拥有更多更多——例如通过创建一家又一家的企业和公司，继续在堆积如山的商品中寻找人生的意义。

大约到 36 岁的时候，个体开始有冲动要追求一个新的开始，我们体验到了一股要抛弃过去的冲动，并迫切需要引入新的价值、新的标准。我们有强烈的意愿去补回曾经失去的东西，在这时，很多妇女开始一份新工作或者回到大学去学习；男人在这时，有时会因为要完成他们的人生任务而变换一份工作。那些已经习惯于关注自己的梦想的人，会感到需要改变生命中的某些方面。同时，他们感到自己有能力做到。也许我们会在获得这一切的过程中失去很多，如和孩子们相处的机会，失去和家庭成员的连接。重获的价值现在被巩固了，我们开始原谅父母在养育我们的过程中犯下的错误。我们可以原谅父母并和他们建立新的关系。那些至今仍不能原谅父母的人是还未完全成长的人，或者他内在的成长停顿了。

因此，我们会努力去争取价值之间的和谐关系，这些价值的内在矛盾经常显现在我们眼前，令我们想做一些改变。一个新的目标正在形成，我们希望在 40 岁以后可以带来不同的人生。我们只有到 42 岁才真正成熟，才完全认识我们的"自我"。在 21 岁时，我们只是部分地成年，到 42 岁我们才完全地成为成年人。人生使我们成熟，我们人生中的事件如果被转变和融入到人格中，就会长出成熟的果实。现在，我们可以把我们获得的成熟更多地应用到造福于他人。

因此，个体进入了 42 岁到 63 岁人生第三大阶段的第一个周期。42 岁是人生的一个转折点。人们在接下来的三个七年阶段，人生发展很大程度上取决于我们内在发生的转型。42 岁可以形容为存在的危机。当然，我们不能把它固定在 42 岁这一年。对于一些人来说，危机时期开始得早一些，可能在将近 40 岁的时候，而有些人则可能延续到下一个七年阶段的时候。在人生的故事里，有一种进入了一条长长的黑暗的隧道里的感觉。当然，我们得清楚地知道，在隧道的尽头会有光明，然而，这种感觉还是会持续几年，直到 45 岁。

在这个阶段里，一开始眼睛就逐渐老化，一个强烈的信息告诉我们，老了。在 40 岁到 50 岁之间，首先是骨骼、生殖和代谢系统的老化，出现关节炎、性功能减退、消化系统疾病、糖尿病等，女性出现"身体更年期综合征"，男性出现"情感更年期"，通常称中年危机。很多人在这一阶段会遭遇死亡的问题。我们的物质躯体开始退化，这表现在梦到死亡和对死亡感到恐惧。因此，需要学习的主要是如何面对衰老、疾病和死亡的功课，奇怪的是，在 21 岁以前的生长过程中，后发育的部分先衰老，而先发育的部分后衰老，因此，这是身体衰老而灵体生长的阶段，应该是灵性进一步觉醒和进入精神世界的过程。

很多人会陷入深深的危机，并感到生命没有意义，经常无精打采，同时也感到不安。内在的感觉和思考有重大的矛盾。这时人们常会说："我感到我没多久的生命了。"就如同死亡天使从另一边召唤着我们，从生命的终结点那里看过来，对我们说："想想看你在往后的年岁里，你还有什么想做的，有什么你曾经忽略了的，有什么你想付诸行动的？"开始关心养生、排毒、减肥，开始一切可能性的健身运动。

我们还要面对的是自己的极限性，意识到把所有的事情都做好是不可能的，而我们可以实现的只是自我中的某些部分。不能再高估自己，这一认识会成长为精神的现实。这时，人经历过物质世界的丰富体验和满足，于是，开始问："我是谁？人生的价值和意义是什么？"个体开始从自我价值转向生命意义的探索，进行两性能量的内在平衡调节，获得更加广泛和深入的人生体验和意识提升。

42 岁到 63 岁的阶段可以描述为"人的达成阶段"。我们生命的果实在这三个七年阶段趋向成熟。在人的一生中，我们需要将低层次的"我"向高层次的"我"发展，这让我们了解到我们无私的自我和我们周围的世界。也可以理解为：发展对自己以及周围的世界的真爱，而非自私的爱。在基督教的背景之下，我们把这个"我"跟耶稣联系在一起，耶稣将自己无私地奉献给世界。

接着的两个周期里，身体进一步地老化，心肺系统出现老化现象，如易患心血管系统疾病、高血压、心脏病、血栓等；42 岁到 63 岁开始对内心和精神（灵性）的探索，身心灵深入整合，又是一个向内的"吸入"过程，形成"意识人"。63 岁以后到死亡前则把自己毕生的经验和智慧页献给人类社会和精神世界，又是一个"呼出"过程，回归整体成为"精神人"。这是一个理想的人生周期和发展状态，有些人另有使命，其生命周期和发展就会有所变化。

2. 行星和生命周期

从斯坦纳对人的来源和精神世界作用于人和物质世界的观点来看，人作为一个微观世界和包含宇宙万物的宏观世界息息相关。盘古开天的故事和伊朗的创世神话中最早的人是"凡人"，是以宇宙的形象创造的，明亮如太阳。他的身宽与身高相等，皮肤是天空，肉体是大地。他的骨头是群山，血脉是河流，身体的血液就像海水。他的腹部像海洋，头发像植物，骨髓像矿物。他的头像最高的天宇：双眼像日月，牙齿像群星，耳朵像天窗，两个鼻孔呼吸的气息像天空的微风，嘴是它的大门。类似的故事在古印度和其他民族的神话中也能找到。

在古希腊，关于最早的人这个神话由于被译为占星术的语言而获得了独特的精确性。当时仿照最早的人的身体塑造的凡人被说成完全由布满繁星的天宇构成。黄道十二宫形成躯干与四肢，牙齿对应于诸恒星，鼻子呼吸的气息对应于天空的微风，头部的七窍对应于七颗行星。通过这种精确的对应，这个形象获得了新的意义，它看上去好像只是一种隐喻，但其实是人类的命运和特征。

七颗行星成为一个重要的周期，斯坦纳把人的生命看为七年期，跟人类精神意识进化要经过七个纪元那样。而每一个周期都有自己的特点，同时跟这些行星的特质有关。

斯坦纳对宇宙的描述，不仅仅是从物质层面，还有从精神的层面，这是最难于理解的部分。他说在地球变成我们今日所知道的行星之前，它是非常特别的一颗行星，经历了四次连续的轮回，名称分别为：土星、太阳、月亮、地球（注：这些土星、太阳、月亮并不是我们今日所指的天体行星）。就像人类轮回有中阴和天界一样，行星的轮回也有这种外在的、不可见的而且没有生命的周期，这段时期称为"异灭期"（Pralaya），还有整合性的"生住期"（Manvantara）。轮回的定律是放诸四海皆准的，所有的生命和星球都受这定律的支配。

在土星周期的那段日子中，人类就已存在。土星不发光，但发声，天耳可以听见。存在一段时期后，它渐渐消失，很长一段时间后，以太阳的身份出现，闪耀着光芒。早期的太阳也经历了同样的过程，重新以月亮的身份出现，最后经过同样的顺序，出现了地球。即他们是同一个行星经历的四个不同的状态，所有生命也随之变化，而人类从未在其他行星上出现。

人类在土星阶段的时候，大部分是以灵性生命的形式出现，肉眼不可见，外形像个气状蛋，其内是突出的鳞状结构，像个旋涡。这种初期的肉体结构是灵性浓缩出来的分泌物，它就像远古矿物一样没有生命体，由此我们说人类经历了矿物界阶段，如黏糊糊的一团肉。在土星有鳞片状的结构显现之前，它经历了"无色天界"（Arupa-Devachan）、"有色天界"（Rupa-Devachan）和星芒结构。后来，鳞片渐渐消失，土星回到黑暗的异灭期。这种由灵性进入物质状态后又回到灵性状态的变化，在神智学中称为"轮回"（Incarnation）或一次"生命期"（Life-Condition），每一轮转可分七个阶段。土星经历了七次轮回，或七个生命状态。每一次轮回，它的结构都修得更完美。每一轮回又各自有七个转化或七个外形状态，所以土星经历了七七四十九次的变化。太阳、月亮及地球都是如此。在未来还会有三次行星的轮回：木星、金星和火星。

在太阳期，人类进化到了生命体，这情形就像今日的植物。在太阳期，人类是植物性生物，头朝下脚朝上，也属于太阳的部分肉体。后来太阳和地球分离，人类植物就得转个方向，因为要维持朝向太阳。太阳的第一轮回只是重复土星期，第二轮回，人类的进化才再度开始。

月亮的第一轮回只是重复土星期；第二轮回重复太阳期；第三轮回，人类取得了星芒体，此时的外形可以与今日的动物相比拟，所以月亮期人类升到了动物界的层次了。在月亮的第三轮回期，还发生了一件重要的宇宙事件：太阳与月亮分离成两个天体；第四轮回，月亮与太阳又以一个天体的形式出现，地球自己开始形成。

这个阶段发生了一个重要的事情：地球和火星相遇。两个球体互相融入对方，火星就在地球上留下了地球所缺的蒸汽状的铁。如果没有铁，地球不会有暖血；根据灵性科学，地球欠火星这份情，所以地球进化的前半期被称为火星。水星则对后半期有同样的重要性，所以在灵性科学中，这一期的名称用"火星期""水星期"，而未用"地球期"。

经历了这些行星期后，未来还有三个期：木星、金星、火神星。灵性科学记录的地球的七个期，已被保留在星期一到星期日的称呼中，以记录地球进化之路所经历的层次：

土星 Saturn	星期六 Saturday
日 Sun	星期日 Sunday
月 Moon	星期一 Monday
火星 Mars	星期二 Tuesday
水星 Mercury	星期三 Wednesday

木星 Jupiter	星期四 Thursday
金星 Venus	星期五 Friday

续表

这个表形象地描述了行星和人类的关系。行星的力量影响人的存在是客观的。

我们可以说，每过七年，我们就会到达人生一个更高的阶段。更流行的说法是：每七年我们的皮肤更换一次。这意思是说我们的内在跟外在不再互相适合，外在需要被褪去或转变。这七年的节奏在宇宙规律中找到根源，就如同一个星期的节奏（七天的节奏），它有自己的活力。它们在人生中不同的七年阶段起特定的作用。在夜里，它们形成和更新人内在的力量，这时，心魂和精神元素跟物质身体和生物元素分离以进入更高的世界，这个过程跟死后与重生之间的过程相类似。作为精神的存在体，我们栖息于不同的"神的居室"（"chambers of God"），为了吸收那些与我们的命运相联结的特殊的力量。

因此，我们从怀孕到出生，受月球力量的影响，这个力量决定了我们的外形和体格。从 7 岁到 14 岁，是上学的年龄，木星的力量活跃着，影响人的健康与和谐。从青春期开始，主要是金星在起作用，强烈地影响性欲方面和第三个七年阶段里的思想和理想。从

21 岁到 42 岁，我们受太阳的影响，主要形成心魂的发展。太阳是人类精神的核心（精神个体或如歌德所描述的"永恒的圆满实现"），是人在死后大部分时间的居所，因此它在人的一生中延续的时间最长。人类就是从这颗星球中吸取力量消化过去的经历（21 岁前），再使自身向前发展的。从这一时期往后，我们有机会逐步迈进将来，并为了认识我们为人生设定的目标而从过去中释放自己。从 49 岁到 56 岁，木星的力量特别活跃，它使我们能运用不断增长的智慧来规划我们的人生。最后，56 岁至 63 岁，受土星力量的影响，它能使我们回过头去看人生，这能让我们持有怀疑的态度：我们是否已经实现了自己的目标？

我们也可以看到在人的七年节奏中的内在动力。开始时，有一段进入的时期，大概是两年，直到真正的七年规律被感知到。接下来的三年，我们在七年期和它的规律的中心。最后两年是用于回顾我们曾经的经历，并为下一阶段做准备。这下一阶段已经在将来中被感觉到了，过去，现在，将来手拉着手一起作用。

我们也可以从星体的作用方面来考察七年期中的每一年。这里，我们穿过不同星体的影响，经过的顺序包括月球、水星、金星、太阳、火星、木星和土星。太阳总是在七年期里带来新的元素。63 岁以后的时期归到天王星、海王星和冥王星，这些行星的力量同样影响人类，虽然比较疏松且影响力较小。

人生每经过 18.7 年，月球就经过一个完整的周期。这种循环也可以体现体现在我们每一个人的生活中。人生每经过 18 或 19 年，我们都会经过一个"月球期危机"。也是在这个期间，生活会以一种特殊的方式打开精神之门，让我们有机会去窥探一下更高的自我和自己将要成为的人。

　　第一个月球期节点是 18.7 岁，在我们已经完成了基础教育并开始把生活掌控在我们自己手中的时候。月球作为门槛或起源，有人觉得这是非常可怕的，并尝试尽可能长时间地推迟。也有人则认为这是一个迈进自由要跨过的门槛，他最终会发现世界充满了各种可能性，他将得以继续向外发展。

　　第二个月球期节点是围绕 37 岁的，这时候，我们开始反思我们所做过的事与我们曾经的生活。这时我们的发展方向是向内的，往往家长和孩子在同一时间段里，经过不同的月球节点周期。因为两者发展的方向是相反的，差异很大，父母和孩子可能会发生一些矛盾和冲突。

　　第三个月球期节点是在 56 岁左右，这是男女的更年期。身体开始变化，身体开始储备能源。有些人认为自己的生活已经结束，或生命卡在这个阶段。而有人顺利通过并享受了这个阶段，他从而把注意力放在了别处。

第四个月球期节点是在 75 岁左右，从这个年龄段开始，自己就认为自己老了。就如所经历过的其他的危机那样，人们可以带着喜悦体验生活，并达到更高的生存智慧；或被卡住，成为一个脾气暴躁、爱抱怨的人。

3. 人的三元构成

　　斯坦纳研究人的本质，从多角度和多方位去研究，把人看成是多元构成体。首先，是人的身体（body）、心灵（soul）和精神（spirit）三个部分。人的精神来自精神世界，人的物质身体是精神的载体，物质身体消失之后，人的精神回到精神世界。而人的心灵是由于人的物质身体和精神的结合，对外界反应而产生的内在活动，包括了思考（Thinking）、情感（Feeling）和意志（Willing）的心灵活动，而思考、情感和意志的心灵活动跟人的三大系统相关。三大系统是指神经系统（Nervous system）、韵律系统（Rythmic system）和代谢或四肢系统（Metebolic system 或 Limb system）。

（1）三大系统的活动特征

＊神经系统（Nervous system）

这里主要指中枢神经系统，包括人的思考的部分，也包括神经和感官系统，还包括外周神经系统和眼、耳、鼻、舌等感官；神经系统的物质特点是封闭的圆形，硬的部分（骨骼）在外面，软的部分（神经肌肉）在内；先发育，后衰老；在身体安静状态下工作。

＊韵律系统（Rythmic system）

这里主要指心和肺，人的心脏是一个复杂的系统，既包括了物质和机械功能的部分，也包括了感觉和心智部分，也就是心灵的情感部分，其物质特点是半圆形、未封闭状（既不像大脑头骨在外，也不像四肢肌肉在外），一边运动工作，一边安静休息，连接和协调着另外两个系统的平衡。

＊代谢或四肢系统（Metebolic system 或 Limb system）

这里主要指消化系统、内分泌系统、生殖系统和四肢等，包括意志部分，就是行动（Doing）。代谢或四肢系统的特点是开放，硬的部分（骨骼）在内，软的部分（神经肌肉）在外面；后发育，先衰老；在身体活动状态下工作。

（2）心灵活动的特征

＊思考（Thinking）

在这里不是指简单的大脑活动，而是心灵深处对生活印象的判断和自我意识的形成过程，以及思想的形成与发展。事实上，在生活中，我们可以察觉到内在的实际东西，精神是确实存在的，一天里，我们有思考，有情感（感受），也有意志。我们内在活动的力量非常大，甚至远远超过了一些外在的活动。我们可能沉浸或迷失在自我的感受或梦想当中。在自己的身体里，有自己的内在感受，而非常困难的是人精神的展现。

我们通常所说的"思考"只与头脑和神经系统有关，我们可以将之简单称为"头"。实际上"头"在身体每一部分都存在着。如果看你的手指，这个手指尖是手指的"头"。手指尖是非常敏感的部位，是手指的智慧所在。所以，盲人可以通过手指尖来读书。神经系统遍布全身，而且都是有意识的，即使在我们无法意识到的地方也都存在着意识。比如平时意识不到肾的存在，一旦肾出了问题的时候，会意识到痛，这才意识到肾的存在。

＊情感（Feeling）

在人智学的语境里所说的"情感"是与心和神经系统的韵律相关联的，是指心和肺的韵律，用简单的语言来说就是"心"。当我们提到情感的时候，就好像我们的呼吸，呼出，然后吸进。我们通过一种半清醒的状态和别人交流。一边是我们呼出的情感，另一边是我们的心只是机械地跳动，它们之间好像没联系。情感来自意志的直觉反映，介于思考和意志之间。因此，在有节奏的重复下，迎合了意志的发展，从而唤醒了情感。每一个人都有一个内在的系统，如有节奏地呼吸，心脏有规律地跳动，休眠和工作之间有规律地交替等。有节奏的重复实际是迎合了这个系统的工作，如重复朗诵一首诗歌，演奏同一段名曲，举办同样的庆典活动和仪式等。但是，有一些东西需要在重复的过程中带来一些新意才不会让孩子感到厌倦。

人的成长过程和自身的结构是一种动态平衡，这个动态平衡跟自然界的结构与动态平衡一脉相通。如人的躯体中包含了物质世界中绝大部分的、天然的有机和无机物质；生命体中发生的物理现象跟植物界、动物界以及天然发生的物理现象非常相似；人心里发生的星芒体跟宇宙发生的现象一样深不可测，因而自我意识仍然是人们研究的永恒课题。建立在物质基础上的物质科学也许永远不能正确地解读造物主的意思，但是造物主给了人们一个心，人们可以用心去感知人和宇宙的奥秘。

*意志（Willing）

意志是血液和新陈代谢的过程，这是没有意识的。当我们坐着的时候，或站的时候，内在的消化系统在忙碌地工作着，但我们不知道，除非出了问题。因此，我们不需要用头脑来指挥新陈代谢去消化食物。不要以为意志是无意识的，它就是低层面的，不发达的。实际上，在无意识的过程中蕴藏着很多智慧。在英语里 Heard、Heart 都是 H 开头，所以我们将"意志"简单称为 Hand。它只是一种说法，不仅仅是手，包括了手心、手背和脚以及身体中任何可以动的部分。意志不仅能体现在运动中，还可以用在思考上。我们的意志本能地存在着，是不必通过思考或大脑而工作的。当我们在睡觉的时候，虽然思考停止了，但意志还在工作。如新陈代谢系统、呼吸系统和肌体系统还在本能地工作着。人在清醒的时候，思考不能进入意志，假如思考能进入意志进行分析和判断，新陈代谢系统、呼吸系统和肌体系统该如何运作，需要多少能量，这样是否对身体整体健康有利等等，那么意志将无法处于"睡眠"状态，结果，意志就不能发挥对身体的作用。所以说，思考和意志是分开的，思考不能为身体动作而工作。我们的生物构造左右着身体本身具有的本能，我们的欲望（指层面级的欲望）也可以变成本能。也就是说身体里面的意志是本能反应的结果。华德福教育通过头、心、手的结合，渗透到儿童处于"睡眠"状态中的意志中。

不断地重复良好的行为、动作和习惯，最终达到无意识的行为、动作和习惯，而成了直觉的反映就是意志，意志的反映成了心灵的反映。

我们是用头脑去理解，还是用心去感受？头脑需要很清晰的信息，准确的定义；头脑需要知道，这是错误的，或这是正确的；这是好的，或这是坏的。心用不同的方式接收信息。心用很长的时间消化东西。心比头脑运作得慢很多，但它更加深入。心需要时间去理解；一旦心真的理解了，就能找到真理的途径，也就是获得了知识。获得真正的知识应该是包含了人的各个部位，不单单是头脑的明白和理解。如果我只是在头脑里知道了，很容易就会忘记了，知道了也不一定有用，如医生知道吸烟危害健康，可是，医生也在吸烟。要让知识从头脑到达四肢要花很长一段时间，因此，理解是一种活跃的意志。如果我们不把理解和明白了的一些事情，带到意志里，那就是不知道。华德福教育是通过头脑来思考，这是很清晰的；然后让这些知识深入到心里，这是真正的掌握了。然后它们进入四肢里，这些是可以体验到的。

（3）身体、心灵和精神三个部分

斯坦纳说，人像矿物一样构成他的物质身体，像植物一样去生长，像动物一样感觉到周围的事情并在内心去感受，人具有动物没有的一种精神。人以身体新陈代谢接受物质世界的自然规律，人以思考自愿地接受真理并参与到比身体更高级的一种道理，而这个道理或真理就是精神。身体仅仅是发挥心灵感受所需要的载体，而心灵是接受精神所需要的载体。自然科学家研究的是身体，心理学家研究的是心灵或灵魂，而精神科学家研究的是精神。

* 身体（Body）

这里的身体就是我们的物质世界，是现代医学用肉眼和通过医学仪器可以看得到的、活的有机生命体。我们通过身体的十二感觉跟外部世界的不同部分都联系着。我们都知道自己的身体，其实我们的身体是活的，是有生命力的。若我们的身体是活的，我们的头发、指甲尖、牙齿、骨骼也是活的。如果我们的身体是活的，意识、感觉和思考都会正常运作。如果不健康的话，会感觉不对劲，缺乏意志力，也很难思考的。比如牙痛的时候，我们会感觉一切都不好，也懒得动，这些很难从痛的感觉中分离出来。

* 心灵（Soul）

只要身体作为一个物质世界有机地活着，我们就会构造一个自己的内在世界。如果我们把内在世界和别人分享，我们就会发现很多奇妙的世界：我们的内在也有高山、有峡谷、有大海、有森林、有沙漠，有的地方热，有的地方冷。多样化在这个物质世界也在我们的内心世界存在。如果说不久前，我是在黑暗中穿行，我的世界很灰暗，意思是说我的内心有一个黑暗时期，大家都应该有过这种体验。心灵里也会有这样的一个世界。例如，我们在森林里面迷失方向，会感觉到对巨大力量的恐惧，这些东西都存在于心灵里面。如我们感到过的愤怒、恐惧、爱等都是一种普遍的体验。在华德福教育中，老师必须和孩子的灵魂相遇，如果孩子对老师教的内容不感兴趣，他的心灵就会变得很灰暗，日复一日，这种灰暗的情绪会影响他的身体。

＊精神（Spirit）

斯坦纳博士在人智学的著作中用到这个词时跟其他地方的用法非常不同。每次当我们改变自己内在的一些东西时，我们都用了一些无形的力量，也许我们知道，也许不知道。比如愤怒，小孩子惹怒了我们，我们该怎么办？假如忍无可忍，用椅子扔他？但愿我永远不会这样做。这种愤怒怎么来的？根源在哪里？如何去改变它呢？若我在愤怒来临的那一刻能停下来，深呼吸，只要我停止一秒钟，我就进入了真实；如果两秒钟，当然更好；如果多一点更好，30秒，我挺过来了。有一种东西进入了心灵的混乱状态，我们可以创造一个空间给心灵。每做出一点小小的努力，小小的变化，我们都在超越自己。不管是内在还是外在的行为，当心灵进入我们的身体，一点点小小的行动都会改变这个世界。对精神来说，力量是无穷的，一点点作用都会有很大的影响。这个代表着心灵的世界，有很多色彩，心灵也很活跃，和周围的世界是联系的。我们的心灵能进入身体，而改变这个世界。比如太阳升起时，我们通常只看它升起的方向，但如果你转过头来背对太阳，就会发现太阳对这个世界的影响。精神会触及很多方面的改变，以一种神秘的状态，这是非常有挑战性的。只有我自己，才能完全对自己的行为负责，无论我是谁，那都是精神的体验。精神在心灵里有一个朋友，这个朋友就是"自我"，如果"自我"选择去做，只有"自我"工作时，精神才会对心灵起作用。"自我"可以呼唤一些超越的东西来帮助灵魂获得更深的认识。

4. 人的四元构成

鲁道夫·斯坦纳换了一个角度去研究人，他把人描绘成四元构成［也称为人的四个层面的载体：物质身体（Physical Body），生命体（life Body 或 Etheric Body），星芒体（Astral Body）和自我（Ego）］。

＊物质身体（Physical Body）

物质身体，也称躯体、身体、肉身等，由像矿物界一样的物质元素构成，这些元素的产生、混合、结合、形成与分解符合物理和化学法则。身体也是看得见、摸得着，可以用现代科学手段进行测量（身高、体重和体积等）到的物质世界，而且，身体本身也是不断变化的，不只是细胞在一刻不停地新陈代谢。从身体的物质性看比较容易理解，当然，如果从身体的认知能力去了解自己的身体以及身体的空间，就不是那么容易了。

*生命体（Life Body）

或称以太体，其实就是构成生命的力，通过以太状态而呈现的"力的形态"（force-form），所以也称为"构造生命的力量"。植物也有生命体，如果植物没有了生命体构成植物的形态，就会像死去的植物那样腐烂，人也一样。生命力早期主要用于物质身体的营造和维持，而到生命体阶段就是中国人说的"气"，是一种能量体。

人、动物和植物只要活着，就有生命的力的存在，它通过物质之间的作用形成生物现象，例如生殖、新陈代谢等现象。构造生命的力量是躯体的构成力量和"建筑家"，人的躯体是由矿物材料组成的，可是构造生命的力量是由以太状态的材料组成的。像躯体依赖物质材料如食物一样，构造生命的力量也依赖它自己的特定范围的"材料"。可以说，躯壳是构造生命力量的形体象征，构造生命的力量是通过躯体表达出来的。我们吃植物或动物，只是吃了植物和动物的物质身体，却没有吸收到植物和动物的构造生命的力，因为人的肠子在吸收营养的过程中会把动植物构造生命的力量破坏，然后在人的肝脏里，食物会得到新的属于人的构造生命的力量。

*星芒体（Astral Body）

星芒体在物质体内运作着，有着带色彩的光晕外形，分布于身体四周，透露出生机蓬勃、光辉的图像。植物没有星芒体，而动物与人一样拥有星芒体，它是痛苦、快乐、行动、渴望、激情等等的传达者。因为星芒体包括印象、感觉、记忆、情绪、情感、思考、意志等多个层面。一个只有躯壳和构造生命的力量组成的个体，是不会有这种痛苦、欲望、兴趣、爱好等感情的，因此，植物是没有感受的。如果某些研究专家说，植物受刺激能产生反应就是指植物有感受，那只表明这些专家多么不了解植物的本质。生物对外来的刺激有没有反应并不重要，重要的是，感情不是对于外来刺激的直接反应，而是从心理层面得到的感受。如果不重视这一点，那么物质之间的化学反应也可以说是有感情的，除了人以外，只有动物才有星芒体的作用。不要犯很多精神研究专家通常所犯的那种错误，认为构造生命的以太体和星芒体由某种材料组成，这种材料比普通物质材料细小，所以看不见。事实上，构造生命的力量是一种互相作用的力量，不是物质材料；而星芒体却是一种活动产生的由类似"颜色"和"光"组成的形象，也不是物质材料。我们说构造生命的力量的情况，当然只能用物质范畴的词来打比喻。像躯体依赖物质方面的东西如食物一样，星芒体也依赖自己的特定方面的范畴。像躯体死了之后融入土中一样，星芒体在人死了几个星期之后也要融入它所属的范畴。星芒体的大小、形状不同于躯体，构造生命的力量被包裹在躯体的物质内，星芒体超越了躯体和构造生命的力量，像光从发光物体中超越出来而形成的光环。

＊自我（Ego）

自我即人类的"我"，这是地球上的生物中，仅存于人类体内而有别于植物和动物的特征。人的本质因ego的存在而与其他生物相区别，ego即"自我"意识，这是人类所特有的。"自我"是"我"的载体，当我们说"我"的时候，这个"我"跟另外名字的人不同，原因是这个"我"是个人特点。一个能说"我"的人，肯定有属于他自己的（心理、思想等）世界。以精神科学为基础的宗教信仰都注意到这一点，宗教教义上说，"最低级的本质，是通过外界的形象感觉到宇宙精神的；有了'我'，才能在自己的心里意识到宇宙精神的存在（万物是宇宙精神存在的象征）。"这种能在自己心里意识到宇宙精神存在的本领的载体是"自我"，"自我意识"是人的本质特性。

自我意识是人的比较高级精神的载体。因为有了自我意识，人在万物中才是最高级的。可是自我意识在现代人中不是简单的本质。为了清楚地认识自我意识的本质，我们需要比较不同发展程度的民族。比如，把没有教养的野蛮人、有文化知识的人和理想主义者做比较。这三种人都能说"我"，都有自我意识。可是野蛮人利用自我意识去追求本能的欲望和爱好，和动物差不多；有教养者对于自己的欲望，对自己说，"这是可以追求的，那是要控制自己，不能去追求的"；理想主义者除了本来的爱好以外，他能把自我意识发挥到更高级的水平。这样不同的情况出现是因为自我意识能改造人的躯体、生命体和星芒体，这就是自我意识的责任。如果一个人超越了他本来的自然的精神状态，自我意识的作用就能把人的躯体、生命体和星芒体改造过来。

人刚刚获得自我意识时，刚好超过动物的本能。这时，人的躯体、生命体和星芒体，还跟动物差不多，生命体只是肌体生长和生殖的载体，而星芒体仅表达出自然天性中出现的各种欲望和本能。但是从这个时候开始，人经过丰富生活实践，自我意识处理并改造了躯体、生命体和星芒体。这样，星芒体需要变成纯洁的兴趣或欲望的载体。生命体经过改造以后，变成了习惯、爱好、性格和记忆力的载体。如果一个人的构造中生命体还没有被自我意识改造，就没有对于自己经历的记忆，只能像动物一样按照天然状态去生活。人类的所有文化和社会的发展，都是由于自我意识改造了躯体、生命体和星芒体而得来的结果。

5. 人的七元构成

*灵的自我（Spirit Self），用梵文来说是 Manas（即佛教的觉醒）。

自我有意识地改造了躯体、生命体和星芒体的特征。人的自我意识到自己的脾气、性格、气质等好或不好时，说明了一个具有灵的意识进入了自我。自我被星芒体操控时，人的星芒体在起关键作用，如狮子被放出铁笼子那样，完全失控，我们会无意识地做一些让自己后悔的事情，说让自己后悔的话，甚至自我毁灭。事情过后，也就是星芒体被自我的精神意识控制后，自我作用于星芒体，让情感和感觉折磨自己，吃不下饭，睡不好觉，从而进一步影响生命体的健康，生命体不健康的时候，思考不清楚，又反过来影响自我。这个住在自我里的精神，斯坦纳称之为"灵的自我"。"吾活在心中，灵则活在吾中。"（鲁道夫·斯

坦纳《神智学》)

灵的自我来自精神世界，或灵界的自我存在于人类最乌云密布、最隐蔽和神圣的地方，是人类通过自我意识展现灵的自我的永恒存在。

*生命的灵（Life Spirit），用梵文来说是 Budhi（即佛教的觉）。

如果灵的自我通过自我意识很强地活动，不但可以完全掌控着星芒体，改造自己的脾气、性格、气质、情感和欲望，还可以将改造的结果永远保留着，成为一个品格高尚、情绪稳定的人，并且平衡自己的气质特征，形成良好的习惯。然后在自我意识的作用下，进一步地改造生命力。生命力就有节奏地流淌在身体里，身体不但健康，而且更加能觉知到身体的各部分，甚至能觉知到自己的思考和新陈代谢。灵的自我通过自我意识改造星芒体要比改造生命体容易些，斯坦纳说："如果改造星芒体需要一分钟的话，那么改造生命体就需要一个小时。"

自我的灵能在生命体里流淌，就如我们可以看到人的"气"或"气色"。生命体遵循自然法则有效运行着，将物质身体以以太的形式纳入了灵界，人的生理和生命周期、生命能量得到最佳的体现。

这种体现，鲁道夫·斯坦纳称之为生命的灵。我们所常说的"这个人很有灵气"，也许就是这个意思。

*灵性人（Spirit Man），用梵文来说是 Atma（即佛教的实相或大我）。

通过体察自我是否处于有意识状态，来判断灵的自我是否进入人的自我。很多时候灵的自我在无意识的睡眠状态中，可有意识地进入人的自我。自我意识常常是被星芒体的各种情绪，或生命体的运作不良，或身体本能的七情六欲捆绑着。人需要培养高级的直觉有意识地进入更高级的灵性状态，光是依靠灵的自我有意识地改造星芒体、生命体，不能进入灵性的状态。斯坦纳的精神科学认为：在更高级的灵性阶段，人会得到改造物质身体的力量。比如控制血在身体内的循环和脉搏跳动，甚至可以觉知自己的身体什么时候死亡。很多能达到此高度的修行人去世后，身体收缩到非常非常小的体积。可以说，这个人已经是灵性的人，而不仅仅是物质的人。

包括了物质身体、生命体、星芒体和自我的人，是灵性人的外壳，而灵性人通过人的物质身体、生命体、星芒体和自我去体现。灵性人从内在去塑造灵的自我，通过自我来摆脱身体、生命体、星芒体的左右，成为独立和自由的灵性人，使得自我不朽。就是说肉体不在，人的精神仍永恒存在。

从此可以看到，灵的自我是人的核心或中心，起到了物质人和灵性人之间的桥梁作用。这是人智学中提到的七元结构：

（1）身体

（2）生命体

（3）星芒体

（4）自我

（5）灵的自我

（6）生命的灵

（7）灵性人

6. 人的九元构成

斯坦纳在《神智学》(*Theosophy*)和《人的普遍知识》(*Study of Man*)中,从人的认知或觉知能力出发,描绘人对外在世界和内心世界的认知,分析了身心灵九元的构成。

歌德在做植物观察研究的时候说,普通人用很自然的一种方式认知周围事物,是把外在世界联系到自己,一个人受到自己喜不喜欢或对自己有没有用的影响,而未能认知事物的本质。因此,人不能把外在的事物跟自己相联系,而应该观察事物本身,把自己的情感判断标准排除在外,未加以判断的观察才能发现事物的本质。一个真正的植物学家不关心自己喜不喜欢这一株植物,也不会考虑它的用途,而是纯粹地观察它是如何生长和依赖环境的。

通过身体,人的感觉器官能感觉到自己和世界的联系,外界物质和力量也在造就人的身体和内在世界。我们像观察外界的物质一样，也能观察自己的身体，可是自己的心灵是不是也能这样被观察到呢？一个人内心的感受是别人的感觉器官无法见到的。所以心灵的世界是跟物质世界不一样的，是每个人的心里都隐藏着的一个世界。通过精神才能进入事物的本质。如，我们对晚上的天空（星星）的感受是属于自己个人内心的，可是我们认识到的宇宙规律和普世知识却是属于宇宙的。这样，以身体参与的是感觉器官能感觉到的世界，以心灵参与的是个人内心的世界以精神参与认识到的，是超出这两个世界的永恒的精神规律和真理。

身体的认知或感知能力，有心理学家称之为 body intelligent（身体的智能），有些智能是与生俱来的，有些是后天学习来的。如果是一种智能，就不再属于物质世界，而是属于心灵（或灵魂的世界），因此，可以通过心灵和精神世界去探索人的自然深处。鲁道夫·斯坦纳把非物质状态的心智，归入了灵魂（或心灵）领域。

如果从人的身体、心灵和精神三元构成看，心灵是物质世界的身体和精神世界的连接环节。心灵是人的中心，身体是其媒介，精神透过物质认识世界并通过物质世界发挥作用。把连接身体的心智，称为感觉心（Sentient Soul）、理智心（Intellectual Soul）和意识心（Consciousness Soul）。

身体的构建是根据灵的自我组织物质材料的，生命之灵透过生命的力量或以太而成为生命体，这样的一个有机体通过感官对外界打开交流，就成了魂体（Soul Body），感觉心渗透到魂体而结为一体。感觉心不仅仅接收外界对感官的印象和影响，感觉心也有自己的内在活动。这种内在的活动，同时收到来自思考和感觉的作用，感觉心因此而变成了理智心。如感觉心过渡到理智心那样，理智心进一步对直觉开放，领悟直觉的作用，从而成为意识心。这样之所以成为可能，是因为精神世界建立在直觉中，如感觉器官建立在物质身体中那样。感觉器官传递感觉的过程称为魂体，而直觉传递精神的过程称为直感（Organ of Intuition），俗称为第六感。灵性的人（Spirit Man）其本质就是灵性自我跟意识心结合统一，正如身体和感觉心在魂体里结合统一那样。在这种统一体里，灵性的人的生活里呈现出来生命的灵，如生命体或以太体给物质身体构建一个魂体生活的基础那样，身体被皮肤包裹着，灵性的人也被精神包裹着。因此，全人的九元构成如下：

（1）灵性人

（2）生命的灵

（3）灵的自我

（4）意识心

（5）理智心

（6）感觉心

（7）魂体

（8）生命体或以太体

（9）身体

魂体（7）和感觉心（6）在普通人的尘世里，通常是结合在一起的统一体，如意识心（4）和灵的自我（3）通常是结合在一起的统一体那样。因此，普通尘世中的人有七元构成。

（1）灵性人

（2）生命的灵

（3）充满了意识心的灵（Spirit-filled Consciousness Soul）

（4）理智心

（5）感觉心魂体

（6）生命体或以太体

（7）身体

"自我"在心灵中闪烁着，接收来自精神世界的启迪，成为灵性的人的媒介，因此，人参与在物质世界、心灵世界和精神世界的三界中。人通过灵的自我、生命的灵和灵性人，扎根于身体、生命体和魂体。人在精神世界里能开花结果。心灵起到了躯干的作用，再渗透到物质世界里扎根，深入到精神世界里开花结果，这就是心灵的本质。

7. 心灵活动的最高形式

1909 年 10 月到 12 月，鲁道夫·斯坦纳在柏林进行了一系列的讲座，汇编成为一本书《人的智慧、心灵的智慧和精神的智慧》（ *Wisdom of Man*，*Wisdom of Soul and Wisdom of Spirit* ），每个月讲一个内容，把 10 月份讲的《人的智慧》（ *Wisdom of Man* ），称为人智学（ Anthroposophy ），11 月份讲的《心灵的智慧》（ *Wisdom of Soul* ）称为心智学（ Psychosophy ），12 月份讲的《精神的智慧》（ *Wisdom of Spirit* ）称为灵智学（ Pneumatosophy ）。

前面我们说的思考（ Thinking ）、情感（ Feeling ）和意志（ Willing ）是心灵活动的一种描述，跟我们平时理解的思考、情感和意志很不同。人智学把人跟自身以外的世界交流活动过程在人的内在里形成的活动称为心灵活动。大脑作为思考的工具，不是人思考的唯一工具。在大脑思考的过程中，会有来自情感、情绪、之前的经验和体验、预先形成的概念，甚至自己的意志等因素影响，经过这样的思考而做出判断，很难客观和公正，也远离自然和天道，因为思考未能成为纯粹的思考。

如果我们要做到纯思考，必须发展想象力。集中注意到想象的世界，必须建立在清晰这个基础上，不能沉溺在情感里。人的精神生活一般都会跟情感和情绪交织在一起，所有的错误都是因为精神世界出错了，只有足够的抗拒力才能避免，因此，我们不能只是依靠物质身体通过感官获取外界的信息。歌德也强调：不是感官出了问题，而是外界印象进入心灵（Soul）时出了问题，也就是说感官获取外界信息的时候出了问题。

仅仅通过感官获取普通的外界信息，就会寻找理由，如果由人的内在而出发，在有方向的指导下主动获取，则会超越感官获取的信息，甚至可以转化这些信息。这样就不至于成为像误导人的判决书那样的信息，可以超越心灵的限制，这种真实的感知，人智学称为想象（Imagination）。

当我们的手在动，身体的其他部分也在运转的时候，我们必须问是意志在起作用吗？还有一种状态就是，外界对我们起作用，迫进我们的意识里，我们必须在没进入我们的意识之前，采取行动把外界的作用排除在外。虽然外界作用被排除在外了，可这也跟我们的意识是有连接的，并清楚这事情的存在。同时，在我们的心灵活动里也会有所体验，也会把这种心灵体验隔离在自身之外。无论如何，自身其外的心灵体验都会进入我们的意识心里，遵循普遍规律起作用，并产生必然的结果。这时，必须引进一个叫直觉（Intuition）的概念。在鲁道夫·斯坦纳的书《如何获取更高层知识》（*Knowledge of the Higher Worlds and Its Attainment*）中，斯坦纳对直觉做了详细解释，如何直接来管理意志，因为意志不存在于普通意识之中，也不存在于性格之中，而是，在更高境界的时候从意识心中出现。

当我们带着意识心去领会世界呈现的全部的信息时，不仅仅是依靠过去的知识和经验，当然如果仅仅依靠直觉，直接左右心灵体验，我们也无法获得真相。因此，我们必须发展想象力。而进一步深入世界的真相时，要积极排除情感对思考的影响，同时，不敢相信直觉会导致我们面对一个暂时性的不确定因素。虽然有感受，但暂时不明白事物的本质，又以一种图景的方式飘浮在周围。我们可以把处于这种状态的认知，称为精神体验。主动去接近这种精神体验，如靠近灵性的结果，人智学称为灵感（Inspiration）。

总之，想象为思考的最高形式，直觉为意志的最高形式，而灵感为情感的最高形式。

第四章

十二感觉

十二感觉中的每一种感觉都可以发展为
更高级的觉知、觉察、理解和意识，初级感
觉发展为对意志和内在世界的觉知，中级感
觉发展为对情感和心灵的觉知，高级感觉发
展为对精神和灵性的觉知。

1. 认识世界的超感官

随着文明演进，人类越来越熟悉在地球上的生活，失去了跟精神世界连接的能力。古代把这种能力称为"天眼通"，具备这种能力的人越来越少，在世界上只有少数的神秘学校或组织流传下来，据说"圣殿骑士团"是其中一个。到公元 1899 年，在鲁道夫·斯坦纳生活的年代，神秘学的知识重新被公开在世人面前，因为人类的意识发展已经到了能够接受的程度，人类的潜能开始成长，越来越多人愿意去理解感官世界以外的世界。在《神智学》一书中，他说："当前给出超感官事实描述的人，应该明白两件事。第一，我们的时代需要关照超感官的认识；第二，现今灵性生命中充满了在许多人看来是粗野的空想和梦幻的心象与感觉现前的描述。当前需要超感官的认识，因为人以惯常方式所经历的世界和生命的一切，唯有透过超感官知识才能得到真相（真理）。"

那么，什么是超感官知识？鲁道夫·斯坦纳在《神智学》的导论中提道："试想天生盲人的世界，他们所熟悉的事物与其之间的关系，只能透过触感才能感知。如果你跟这样的人相处，提到颜色以及只透过视觉而产生的感受，那就相当于白说。如果他们会理解你说的话，也许你就幸运了，因为，你马上就知道你做错了。如果你没有能力帮助他们张开眼睛，就终止这些无谓的谈话吧！"

超感官如同眼睛为感觉器官那样存在于每一个人的内在。鲁道夫·斯坦纳相信每一位有善意打开眼睛的人，一旦感受到自己已发展出内在的感官，就能认出对外在感官隐藏的、人类真正的本质。所以，自古以来都有人谈论这种隐藏的智慧。能够掌握这方面智慧的人就如盲人打开眼睛那样，不需要任何的证明，他所拥有的恩感力如同明眼人拥有色彩表现一样有把握。因此，神秘不再稀奇。

《神智学》出版后短短二十年间，德文版历经九次印刷，当时很多人都在阅读这本书。好看吗？不见得。鲁道夫·斯坦纳提道："那些希望寻找到永恒真理的读者，可能会不满而放在一旁。然而这书的目的是简单地呈现灵性科学领域中大部分基础事实的真相。当然，只有人类想确切地知道这世界如何诞生与结束、想问生命的意义与世界的本质等问题。不是用人们简洁的描述、概念与理性了解，而是真实的、可实践的知识，生命的知识和更高深的智慧。只有透过对基本理论的了解，才会对进阶部分提出正确的问题。我们不需怀疑，任何以良好意志力来回应这些事情的人，都有'打开眼睛'的可能。"

2. 感官的知识

歌德在描绘人的身体、心灵和精神三个方面时说道：

- 我们通过感觉器官能见到的事物；

- 我们在个人的感觉上得到的印象；

- 我们能认识到的真理。

在我们走过一片开花的草地时，眼睛能看到花，这是人能看到的事实。然后我们喜欢这些花，这就是把事情变成与个人的感觉关联起来，并感受到花与我自己生命同样的状态。过了一年再来到这个地方时，过去的花已经过去了，它只留在我们的心灵里。可是现在出现的新的花，它的生长规律与过去是一样的。过去的花作为印象留在个人的感受中，同样的，现在的花也以印象的形式留在我们的感受里。而且，现在我们发现了花的规律会存在心灵里，而这种规律的存在不像感受那样依赖个人的心灵因素。如果我们的感官或心情不好，对花的感受不存在，但是，对植物成长的规律的印象却依然会存在于精神领域。那么，植物本质的规律就存在于宇宙里。

这样，人就以各种方式与世界发生联系，人通过自己的身体、心灵和外界的连接，就有了具体的看法（偏见）或理论。在这里说的身体就是能通过感觉器官与物质的环境接触的范畴。在这里说的心灵就是把事物联系到自己的感受，比如是感到喜欢、讨厌等等。在这里说的精神就是斯坦纳说的那种超越个人因素的认知。人通过身体与环境相接触，通过心灵把印象保存在心里，通过精神认识到事物的本质。

通过身体，人与自身的感觉器官所感觉到的世界发生联系。外界的物质和自己的身体都会成为感官的材料，我们能观察外界的物质世界，也能观察自己的身体。可是自己的心灵却不能这样被感觉器官观察到，别人的感觉器官无法感觉到我们心里的感受。所以心灵的世界跟物质的世界非常不一样，每个人在个人的心里隐藏的感受及存在，需要通过精神认知，才能认识其中的规律、道理和真理，以及他人的心灵存在。我们可以通过精神认知，认知到超越个人的范畴，进入事物的本质。

现代科学把人的感觉分为五种，即视觉、听觉、嗅觉、味觉和触觉，分别来自眼、耳、鼻、舌和身体。斯坦纳则把人的感觉归纳为十二种，随着生命的演进而发展：在0—7岁阶段，侧重发展触感、生命感、运动感、平衡感等四种初级的感觉，是对自己身体的感觉；在8—14岁阶段，侧重发展视觉、嗅觉、味觉、温暖感等四种中级感觉，是对外界环境和世界的心灵感觉；在15—21岁阶段，侧重发展听觉、语言感、思想感、自我感等高级感觉，用来感知人类社会和对他人内心的精神觉知。

作为教育工作者和家长，总是希望能了解孩子是如何感受体会这个世界的。事实上，孩子的感觉是以难以置信的开放，对周围的一切敞开着。无论是声、光、运动、温度变化，还是周围人们的情绪波动，都会直接影响到孩子。

面对这个新鲜的世界，孩子们充满了好奇。如果自然的好奇心被压制，就会导致孩子探索兴趣的毁灭。如果父母和教育工作者明白他们的任务，以家庭作为暂时的窗口，让孩子从中看到外边的世界并发现问题，这样外部世界所能提供的丰富经验也会被孩子发现。有时，当孩子面对一个全新的世界而束手无策时，他们也会发展出自我保护的屏障，以避免更大的冲击和伤害。

如果孩子所接触的只是没有杂质的人生经验，他们就有脱离现实的危险，这样他们的感觉印象无法带给他们真正的体验，也无法用人类缜密的方式来做出相应的反应。因为有了印象之后才能认识，有了体验之后才会理解。起决定作用的不仅仅是感觉自身，情感生活也非常重要，家庭中的温暖和课堂上回响着的笑声都是感觉的基础，否则孩子会对世界的所见所闻失望而陷入沉默。

鲁道夫·斯坦纳对人的十二种感觉进行了分析。深入人的精神体验的教育必须发展人更高的感觉功能。十二种感觉包含精神的层面，分为三个层次：一是对自己身体的感觉，包括触感、生命感、运动感、平衡感；二是中级的感觉，是对外界环境和世界的感觉，与感受相联系，感受周围的人、自然、环境，包括嗅觉、味觉、视觉、温暖感；三是高级感觉，社会、社交型感觉，和思考有关，用来感知人类社会，感受他者，包括听觉、语言感觉、思想感觉、自我感觉。人是通过这十二种感觉感受世界的，人的十二种感觉在幼小的时候比较敏感，也比较脆弱，不但要使其健康发展，同时也要保护其免受破坏。年幼的时候低级的感觉是高级感觉的基础，人生的头七年非常重要，到了一定年龄并不意味着自我就随之得到构建，也可能受到破坏，即使成人也可能无良好的自我感觉。

3. 十二感觉

* 触感（Sense of Touch）

触感是通过皮肤来达成的，人们通过触感觉察到自己的存在和其他事物的存在。只有实在的物体才有边界。边界带给我们的是存在和独立感。当孩子在妈妈的子宫里时，第一个触感体验是胎儿对妈妈的碰触，胎儿在子宫内很早就触摸到子宫壁，而生产过程中产道对胎儿的挤压是非常有益的，帮助孩子体会到边界。婴儿出生后被包裹在毛毯中，也是很有益的，良好的触感会给婴儿带来独立、安全和信任的感觉。

出生后，婴儿立刻表达出对抚摸、亲吻以及哺乳等早期触感的强烈需求。第一个触感体验是吸吮母乳，婴儿在吸吮的同时会轻轻地抚摸妈妈的乳房和自己的脚，这些都是由触感所带来的美妙沟通。孩子会靠在父母的膝盖上听故事而获得触感的满足，在睡觉前温暖的亲吻，在特殊场合热烈的拥抱，都会对孩子的触感发挥极重要的作用。满足较大的孩子对触感体验的需求，可以通过友善地搂着他的肩、轻抚他的头来表达。孩子对触感的满足在生病的时候表现特别强烈，因为生病会让忙碌的爸爸妈妈不得不对他多一份关注，躺在床上的孩子时时都在盼望着妈妈会不时地来摸一下他的额头，或者表示关心的问候，在那种轻轻的抚摸和问候的话语中，孩子会感觉到一股充满爱的暖流扩散到全身。

触感在整个人生经历中非常重要。在孩子幼年时必须非常注意孩子的接触要求，还未学会走路的孩子与人交流的方式是伸出双手请求大人搂抱，跟自己交流的方式是摸自己的身体或者吃自己的手指，给孩子安慰奶嘴实际上是妨碍了孩子的自我触感。孩子在吸吮妈妈的乳汁时，目不转睛地盯着妈妈看就是跟妈妈亲密地交流，在婴儿期最好尽量用哺乳方式来喂养小孩，对吸奶瓶长大的小孩，父母需要在其他方面做些补偿。如果孩子在早期缺乏跟父母直接接触，不但会影响到孩子的触感发展，更加会影响到跟父母的沟通，孩子会缺乏安全感，比如许多孤儿长大之后很怕别人触碰。

学龄前的孩子是通过触感来接触和了解大自然甚至这个世界的。在家里东摸西摸，到菜市场或超市去也一样东摸西摸，遇到他熟悉和喜欢的东西就会爱不释手，对一些不熟悉的东西感兴趣，一定是这些东西给他的感觉很好，而不是因为他知道这东西的用途。很多父母不经意地忽视了孩子这些微妙的需求，用"不许动"来打发孩子的好奇心，甚至更粗暴地对待孩子的这种天性。3岁之后的孩子，触感的需求发展表现出强烈参与生活的愿望，那就是大人做什么事，小孩都要模仿去做，比如一般的家庭日常活动：洗碗、做饭、扫地、接电话等，这时就要更加注意去引导他了。很多人认为对孩子进行认真的教育就是从这个时候开始的。

一般情况下，3岁多的孩子，是在意志力作用下去活动的，但是如果周边的环境中没有一个能成为孩子模仿的对象，这时孩子表现出的状态就是毫无目的的行为，感觉是意志力失衡，甚至是混乱。所以这个时候，孩子就会开始打扰他人的工作，以引起别人对他的注意，比方说踢翻其他孩子在玩的木桶，黏着正在烧菜的妈妈，或者以哭闹的形式来要求家长陪他一起玩耍。有的父母因为不理解孩子的行为（捡起地上脏脏的糖纸塞进嘴里；将手指伸进小狗嘴巴的举动；试图去摸一摸软软的蛋黄），忽视了孩子触摸的需求，甚至粗暴地禁止，导致孩子的意志力无法发挥，最终受到了压抑，有的孩子就以"攻击他人"的行为来释放压力。这便是"无缘故打人"的原因之一。

触感不是一种单一孤立的感觉，而是一种感觉的有机体，是最早发展出的"我"和世界分离的界限。它和生命感、温暖感联系紧密。触摸有积极的、温柔的，它能让孩子感受到被爱和被关怀，帮助孩子感受自我，找到自我，而被爱和被关怀的孩子才能找到自我；触摸也有消极的、强烈的、让人害怕的、疼痛的，包括肢体虐待、体罚。孩子与周围世界发生的一切是敞开的，周遭发生的一切都会被吸收，影响他们的身体构造。所以对于小孩第一要务是保护他们，使他们处于安全的环境。

触感在界限被尊重的前提下给心灵带来信任，对于触感的发展，要做到的是多触摸，但必须注意将包含爱的触摸与有害的触摸相区别。有害的触摸包括：无爱的触摸，不能像触摸凳子一样触摸孩子。有些保姆虽然很尽职地做抚触，但可能未包含爱，这也是有害的，所以要小心地把孩子交给你信赖的人。心不在焉的触摸，抱着孩子做其他的事情，虽然肢体在接触，但心却是疏离的，这也是有害的；体罚、身体虐待或性虐待；成人之间的暴力行为，不一定是针对孩子的，只要是在孩子周围发生的。

触感缺失的孩子对触摸高度敏感、对抗，不喜欢别人碰触自己。有的孩子总是脚不停、手不住，进入教室总是无意识地摸这摸那，或敲打一下同伴，别人告诉他不能这样做时，他总是说我什么也没做啊。有的孩子总是争抢东西；有的孩子没有界限感，拿别人的东西，或到不该去的地方，明知犯规还要做。有的孩子非常贪恋别人的触摸；有的孩子皮肤容易过敏，当身上有伤口，或被蚊虫叮咬后对伤口和红肿的脓包不停地抓挠，直至伤口破裂或脓包出血也无法停止。有的孩子爱咬人，有的孩子爱吃手指，这可能与缺乏母乳喂养的触摸有关。男孩表现为多动症或注意力涣散，女孩常常表现为内向害羞和胆小，这都是焦虑的表现。

触感缺失的孩子常常害怕单独在一边，一般喜欢围绕着成人，需要被呵护和关照；而多动的孩子常常跑得远远的，需要成人的理解和宽容。危害触感的一些因素：只给孩子需要的物质却不给温暖；保护过多或者孤单太多；接触不是为了爱护小孩，而是为了大人情感的满足。

经过产道的自然生产，在出生过程中感受到产道的挤压；给予更多的拥抱、触摸，让孩子在一个人单独待着和与成人在一起并被保护着之间转换；让孩子在单独一个人与身体温暖的接触之间转换；让孩子在拥抱和放开之间转换。缺乏触感的一个原因就是疏忽，孩子小的时候和妈妈在一起是最好的，非常小的孩子在2岁之前需要一对一地照看。当孩子应该做某事或不该做某事时，都要拉着他的手去做或不做。更多的按摩，与孩子更多的身体接触，用舒适的布包裹孩子，当孩子身体不舒服时或者状态不是太好时泡营养澡。泡完澡后，将孩子裹在浴袍里，温暖地放在床上睡觉。做手指游戏，玩天然玩具，如木头、丝绸、布、沙、石头等，水、沙也都有利于对孩子的滋养。

但是，不是所有的触感都是积极有益的。温柔的爱抚，轻柔的拥抱，亲吻所带来的触感，能给人安全感和温暖感。而过分强烈的身体接触，如家庭暴力，会给人疼痛感和恐惧感。触感缺乏体现在生活中，往往表现为对人冷漠，拿捏东西的时候，容易打翻碗杯，无缘故打人，这些都是因为触感缺乏而导致的没有边界。因此，我们可以用轻柔的按摩、暖暖的拥抱来培养孩子的触感，要让孩子真切感受到真正的温暖。

* 生命感（Sense of Life）

生命感与触感相联系，生命感是一种对自我感觉良好的感觉，一个人通过他在整个身体里的生命感就能感受自己身体的生命状态，平衡和自己身体各部分的合作。生命感不仅让我们舒服，而且通过生命感，我们能感受到累、饿、困、疼……这些无时无刻不在提醒我们，要注意保护我们的生命。生命感就像你的小护士、小医生一样，生命感会提醒身体去改变，身体痛了就去敷药，而心里痛了就意味着要去改变，心灵层面会追求一种和谐。当熬夜或者过度劳作，反而觉得自己精神很好时，忽略生命感的信号，这是生命感已经麻痹，这样对身体很不好。如身体某个部位真的病了，这种生命感就很灵敏，一旦生命受到威胁时，人就会发出求救的信号，人在临死前都能感觉到自己的生命将要结束，这是生命感的本能反应。生命感也是生命体内部自我平衡的载体，任何形式的失衡都能感觉到并做出协调，如跌伤的疼痛、受到打击的痛苦、心情的波动等都能反映到思考，从而影响到思考。

处于睡眠状态的生命感属于意志的范畴，限制意志的发展实际上限制了生命感，所以很多人在生活中做事处处失败不尽如人意时就会立刻反映到生命感上，感觉到身体不舒服、内心烦躁，甚至感到生命失去意义。要让孩子感觉到我的身体就是我的家，感到很舒服，因此，让孩子的意志得到发展对生命感至关重要，需要强调孩子对生命意义的认识。当孩子生病时，一些孩子不能准确地说出身体哪里不对劲，如对肚子疼，搞不清楚是肠胃问题，还是内脏器官问题。在孩子很小的时候，父母应当仔细并耐心地听孩子描述身体不舒服的地方，这样不但能发展孩子的生命感，而且也教育了孩子如何关怀生命。而如果经常一点小痛小病就去看医生，孩子一点小事就要代替他去做，稍稍一点事情就兴师动众，则是有害的。比如给孩子喂饭这件事，往往导致孩子吃得过多甚至造成呕吐，脾胃受到损害。过度和缺乏照顾都会损害我们的生命感。

生命感的本质是身体就是自己的"家"，在"家"里很快乐。在每天的固定时间做某事，是内在感觉良好的、快乐的状态。自然界最有生命力的是植物，所以要多跟植物、多跟大自然接触，增强生命感。有规律的作息节奏，相互信任的生活氛围，感受韵律等都能很好地增强生命感，而生命感则带给心灵以和谐。

生命感缺失的原因包括缺失韵律、给孩子过多的选择、太多的色彩轰炸孩子、电视、家庭暴力、离异的家庭、与父母分离过久等。孩子需要父母的生命力的滋养。过度强势、支配欲望强烈的父母带给孩子太多的威胁、恐惧，常常对孩子说"如果……我就离开"等诸如此类威胁的话语。此外，经常的搬家，过多的外出或在路上奔波，时间过于紧迫和被惊吓，过多的课外活动或辗转于各种才艺班，成人的暴力行为等，都对孩子不好。

生命感缺失的孩子，做事会没有精神、疲惫、无聊，不知干什么，变得非常黏妈妈，总是在不停地抱怨、担忧、紧张和不安；或者当有什么需要得不到满足时就烦躁、焦虑；或者有强烈的占有欲，把所有玩具聚在自己周围；或者总是和成人对着干；或者不能被拒绝和否定。这是孩子在逃避痛苦、逃避伤害，他的内在是不快乐的。有多动症的孩子都是因为生命感的缺失。现在越来越多的孩子遭受着生命感缺失的痛苦。

建立有韵律和节奏的生活会滋养生命感。韵律创造生命内在器官的和谐。有规律的作息节奏、相互信任的生活氛围，跟时间、地点有关的安排都有规律，将韵律贯穿生活的各个时段，不管在家里或教室都创造一种干净、整洁、平和的有序平衡。在日常生活中，吃饭尤其重要，规律的用餐，食物散发出来的气味，也都滋润着孩子的嗅觉和生命感。

作为成人我们不要过多限制孩子，不要过多保护，要提供艺术性的和谐活动和游戏，让孩子感受晨圈的快慢节奏的变幻，给予营养浴、童话故事、英雄故事的滋养，让孩子体会到痛苦与不幸的存在，以及战胜它们的喜悦与希望。对于多动症的孩子，生活就是混乱、痛苦，家长、老师会因为他们而疲惫。但我们要了解他们内心是持续的不快乐，他们只是不想去察觉这内在的痛苦，通过不停地运动、尖叫、吼骂、不断地说话来逃避感受痛苦。他们的内在实际上渴望被爱、被关怀，渴望成为一个好孩子，但行为无法控制，仿佛对别人的批评、惩罚满不在乎，缺乏自我尊严，实际上他们内心是非常恐惧的，因为他们总是被排挤，所以他们的表现常常是恶性循环。对于这样的孩子，我们应理解他们，认识到所有的行为都是因为缺乏生命感；不要予以太多的期望，无条件地去爱他们、接纳他们，给予他们特别的爱。他们最需要的是成人的理解和接纳，如果成人能处理好，给予更多的激励和欣赏，这些孩子可能发生戏剧性的转变，向我们展现他们真正可爱善良的本质。

* 运动感（Sense of Movement）

运动感和平衡感紧密相联，给心灵以自由感，运动感也是属于意志范畴并处于睡眠状态的。身体的运动感是感觉到移动身体四肢、爬行、蹒跚学步、跑与跳，这种感觉是以后获得自由意识的关键。所以情绪不好的时候可以用运动的方式来发泄。通过时间和空间感来获得自由，获得自由之后就会带给我们定位、目标性、行动力和方向感。只有运动才能给我们带来这样的自由。因为这样宝宝才会去走、去跑、去跳，才会做游戏，用身体做事情。身体是载体，通过这个载体的运动才会给我们带来自由。

约瑟夫·皮尔斯（Joseph Pearce）在谈论人类的脑部时指出了两个领域：一边是旧的，是所谓的爬虫类和哺乳类的脑；另一边是新皮质。他说："如果我们完全依照旧脑系统来运作就纯然如低等物种一般，只靠本能就不会有开放的智力和可变通的逻辑能力，也就没有创造力和个性。"他解释说："正是新脑赋予了我们这些能力，从潜在的旧脑转换到存在的新脑的过程，其实就发生在婴儿期的身体活动之中。"

现在的孩子被越来越多的所谓"早期教育和智力开发"占据了他们的游戏和在大自然中发展能力的时间和空间，这样一来，孩子只是对电子虚拟的世界感兴趣，对自然和社会没兴趣。孩子只有在自然环境中才能感觉到自我与时间和空间的关系，因为律动不但是空间变化的结果，也是时间变化的结果。逐渐培养孩子对时间和空间变化的认识，如对一年中季节和一天中太阳、天气、动物和植物等的变化的认识，自然的律动会反映到孩子的内心。

另外，好动也是孩子的天性，孩子通过动来形成对空间的认识。让孩子拥有自己的空间，自由爬行，自由学走路，自由参与游戏活动，不仅是发展孩子的身体，而且是帮助孩子大脑的发展，为孩子提供爬树、爬墙的机会可以发展他们的运动感和平衡感。如果孩子在小时候的行动受到限制，长大之后他的思维很难活跃，更谈不上自由发展独立的思想。

获得自由也是在一种力所能及的范围内达成的。当然也不能过头，因为这会导致孩子向后缩。比如，开车把孩子放在前排座位，这样不但对孩子的安全有隐患，而且前面因车速而快速闪退的运动景象也会让孩子感觉到害怕，往后缩，久而久之运动感就会消退。而且孩子不像成人一样有能力回避这些刺激感受，他们完全敞开接受，这样对运动感的损伤就产生了。看电视会导致孩子有一种消沉的状态，因为运动感麻木了，久而久之孩子就总是不想动，形成懒惰的个性，其实懒惰都是我们让他们造成的。有些孩子想要翻个身、爬行等，家长如果这时候插手帮忙就会让孩子的运动感无法发展出来。

不允许孩子自由玩耍或参加带有一些探险性的活动，孩子只有依赖电子产品来打发时间。小孩成为全自动玩具的旁观者；缺少走路和运动的机会，如使用学步车。现代人的生活中总是匆匆忙忙的，孩子不停受到催促，没有完整的姿态从容地生活；太多的时间是乘汽车、坐火车，乘坐电梯，少于用腿；电视、电脑让孩子一动不动，唯一动的是手指头；过度保护以及缺乏运动的场地和环境。

运动感缺失的孩子表现出运动神经发育迟缓，这些孩子不能感受运动带来的快乐，缺乏基本的生活技能，如不能用儿童的节奏玩耍，不能系鞋带，不能用铲子栽花，不能用勺子吃饭。孩子会压抑、模仿能力差，也可以称为情绪化的、抑郁型的孩子。他们无法展开社交活动，不知下一步该做什么，一般很孤独，有点对抗性社交倾向。他们不能成为集体的一员，感到被集体排斥，内心很痛苦，常常因为没有朋友而感到很伤心。有些孩子会做很多无目的性的动作和机械性的动作，变成多动症。他们内在是停滞的，外界的信息吸收了就留在内心里。

他们需要音乐，音乐是朋友，韵律舞就是很好的方法之一。成人要把他们留在身边，让他们看着成人在做什么，向孩子解释这一步做什么，为什么做，下一步要做什么，温柔地与他们交流。家长可引导这些孩子一起参与工作和玩耍，一步步地做，重复做好几次，第二天再做下一步，不能期望太高。或者让孩子成为玩耍中的主导，让另外两个孩子参与，持续一个星期后，再多加几个孩子参与，有时候，孩子常常很难做到自始至终坚持，这时候需要家长带着他坚持做完，并及时给予表扬。这些孩子需要骑自行车、游泳、做园艺、唱有表演性质的歌曲、做手工；做饭可以让孩子感受到食物"由生到熟"的变化过程。

* 平衡感（Sense of Balance）

平衡感也是无意识的，平衡感与重力相联系，平衡感与地球中心相连接。保持身体站立、坐、蹲等平衡稳定，而不致使身体失去平衡而倒下，同时也包括了保持内心平静、松弛和稳定。内耳主控平衡，间接帮助我们发展人我之间的关系。这种判断觉知的能力，是非常古老的平衡感知。一个先天性残疾或患小儿麻痹症的人，表现出头、手、脚等四肢不平衡。医学界一般认为这是因为大脑神经受到损伤而指挥不了四肢。但是，瑞士人智学研究者科尼克医生认为是平衡感失调，造成了内心不能平静，从而表现出身体的平衡失调。同理，当孩子的内心不平静时，还会产生莫名其妙的行为和动作。针对内心他提出在生活中对残疾儿童进行艺术治疗和心灵治疗，通过艺术的、平静的、有规律的和注重人文精神的生活来培养各种感觉，平静他们的内心世界，从而使得四肢平衡；也可以通过轻松愉快的农业园艺劳动、手工编织、韵律舞、骑马等来协调四肢和平静内心世界。

胎儿在子宫里就发展出了平衡感，在怀孕的时候，无论妈妈坐着、躺着或走路，胎儿在子宫里，翻过来倒过去，其实就是在发展平衡感。应该常常把婴儿带在身边，跟着大人觉知平衡，放在地板上让他玩。婴儿躺在地上时，会不断地仰头，会摇晃着，并看着自己的手脚，在极力平衡着自己，这就是在练习平衡。婴儿需要躺着才可以看到手脚，并与其他的感官互相协调。后来学会坐、爬、站立、走路、爬树、荡秋千、过独木桥，走路时喜欢走街沿或走过滚动的物体等，都是儿童在自然地发展自己的平衡感。这也需要对空间产生信任感，必须自己去获得这种能力。

如果不给孩子这个发展机会，那么将会造成在以后学习中的困难和心理障碍。平衡感缺失的孩子表现出缺乏运动的热情，智力发展缓慢和有学习障碍，语言表达能力差，专注力差，产生社交障碍等。平衡感缺失的孩子内心容易受伤，从而产生极端的思想以及极端的行为。我们要理解这些孩子的内心挣扎，成人温柔耐心的态度最重要；要怀着崇敬的心，尊重他们，完全接纳他们。要有意识地把他们带进我们的睡眠之中，在睡之前想想孩子的样子和问题，带着问号进入睡梦，当我们第二天面对这些孩子时，会有灵感，知道怎么对待他们。

0—7岁阶段是发展平衡感的好机会，在儿童的发展中，要注重肢体和内心两者的平衡发展。要避免太多肉和油腻的食物，因为这些东西需要能量去消化，他们易吐，易晕车，易摔倒，自我感觉特别强烈，关注自我更多。应该跟孩子一起运动，丢球、接球、玩平衡玩具、在梁柱上行走（平衡木、梅花桩等）、跳跃；带孩子的态度稳定、不急躁；家长心态平衡，保持内心的宁静。另外在游戏时也可以玩跷跷板、前进、后退、摇摆、坐在大球上、坐旋转木马，让孩子每天都生活在很平衡的节奏中。户外可以尽量运动到大肢体，室内可以设计适合大小肌肉发展的各式活动。以上所提到的生命感、运动感、平衡感，是帮助我们认识与整合自我很重要的觉知。

* 温暖感（Sense of Warmth）

温暖感和生命感联系很深，温暖感包括物质层面和精神层面，温暖感给身体温度，给心灵爱的力量。温暖感缺失会导致身体生病和内在世界的冷漠。对婴儿而言，保暖对身体器官的发育非常重要。所以必须保持婴儿身体的温暖。体验到母亲的温暖对婴儿以后身体各种器官的发育和自我发展是至关重要的。如果身体缺乏温暖，人就会想办法取暖，并会对能得到温暖的地方产生感情。人与人之间的交往也是一样，给孩子足够的温暖也是内在的交流，是爱的表现，如通过对别人的问候表达我们的爱心。

看到一个人走过来带着微笑，就会觉得他有亲和力，喜欢和他在一起。老师如果态度和蔼，孩子也会觉得学东西很快。而如果太温暖，也就是太热情也不行，一个人太热情，也会让人失去意识。比如一位妈妈本来在和我谈一件很严肃的事情，孩子在旁边叫："妈妈过来。"这个妈妈一下子就跳了过去，把我晾在一边。这样对孩子的过度热情会导致孩子比较弱小，长不大。这个 6 岁的孩子还在吃手指，很有可能就是家长过度热情造成的问题。温度太高了会中暑，所以我们要常常摸摸孩子的后背，发现孩子出汗了，就要减些衣服。如果孩子手脚凉，那么就要加衣服。

由于未能了解成人与幼儿之间的差异，很多母亲经常会按照自己觉得最舒服的情况来替儿童穿衣服。但是，成人的自我意识已经完全成熟了，并且能够调控自己的体温，而幼儿的自我意识和感觉器官正处在成长的过程中，还未能够完全调控自己的体温，给婴儿保持温暖就等于在培养婴儿的自我意识和感觉器官。老人由于自我意识逐渐衰退也逐渐丧失对身体的掌控，从而失去了调控自身体温的能力。正如幼儿需要温暖那样，老祖母也常常需要用毯子来盖住膝盖。所谓"老人经验了第二次孩提期"就是这个道理。

观察植物时，会发现幼小生命的生长与保暖息息相关。在寒冬，种子掉到地上，潜伏在土壤里，直到大地回暖，种子才会发芽。春阳的温暖牵引着旺盛的生命向上生长，在夏天的烈日下成长为一株苗壮的植物。

动物界也一样，我们可以看到母鸡用羽翼温暖着小鸡，并且在巢中也以身体覆盖着它们；母猫蜷曲身体环绕着小猫；袋鼠将小袋鼠放入腹袋中；小马、小牛走到母马、母牛身边时，都尽量靠近它们的身躯，以它们的体热取暖。大自然的智慧就如此展现在人类的面前。

　　在婴儿刚出生的几个月里，包裹时应该用纯羊毛汗衫、裤子、贴身衬衣、毛毯、软帽。在热天，不足1岁的小孩，若只穿薄衣服则违反了大自然的规则。不管天气是暖还是凉，母鸡都会让小鸡缩在它的羽翼下，对待婴儿也应该如此，让婴儿靠近母亲的身体，体验到母亲的温暖。

　　这种温暖的感觉对婴儿以后身体各种器官的发育和自我发展是至关重要的。首先要保障儿童的身体暖和，衣服穿得要够，穿适合温度需要的衣物，在冬天户外活动是应穿得暖暖的，玩沙玩水后打湿的衣物要及时换下来。室内温度不宜过低，外面冷时，要让房间暖和起来。因为，人的视觉和触感也能感受温暖感。生活的环境也很关键，用暖色调装饰房间，使用天然材料，如棉、麻、木头、石头等，没有温暖感觉的化纤和塑料之类材质应摒弃，用布做装饰，桌子上摆放蜡烛和鲜花。在特定情况下点燃蜡烛，柔和的、暖色调的色彩和触感柔软的织物、动物皮毛等都会带来温暖感；保持一个温暖的生活气氛，温暖和富有感情的人际关系。和孩子一起烤面包、摆桌子、摆筷子，做全体参与的事情，让孩子在欢声笑语中感受到家庭和集体的温暖，温暖孩子的心灵。

* 嗅觉（Sense of Smell）

人本来有能力嗅出一千种以上不同物质散发出的味道，感觉中的嗅觉对人类智慧的发展非常重要。嗅觉的体验跟思想有着直接的联系，人一旦闻到熟悉的气味，就会对气味进行分析和判断，是什么东西产生的气味和这种气味形成的原因和过程是怎样的。闻到不熟悉的气味，有助于对所给物体的记忆。现在有很多化工产品发出各种强烈的气味污染了人的嗅觉，人类逐渐弱化了凭嗅觉来认识自然的能力，很多孩子连泥土的味道都无法辨别，更不用说花草的味道了。

嗅觉不仅仅是人的普通感觉，灵敏的嗅觉也是人的智慧之一。由于嗅觉跟感觉紧密相连，缺乏嗅觉的敏感，就缺乏对自然的联系。现代工业仿造出大量如皮、毛、木、草、纤维等物质，生产出人造色素和香料等，很大程度上破坏了人对自然物质的嗅觉。如果在家庭和学校的日常生活中，用的和吃的以自然物质为主，不但对人的健康有利，而且对发展人的感觉也非常重要。人的正常感觉是构成美的基本因素，从幼儿开始就应当注意培养孩子的各种感觉。

味道扑鼻而来，嗅觉是最不能控制的感觉，通过一种味道，头脑里会出现相应的情景。嗅觉是"土"元素得来的，是不可控制的。嗅觉带给我们直接的感受，是一种直觉，我们有时候靠这种直觉来判断，有些人会抓住机会，判断准确，常常被形容为嗅觉灵敏，实际是人的直觉起了作用。发现了深层次的问题，被形容为嗅出什么。但是，嗅觉会在短期内进入麻痹状态，很快就没有响应的感觉。嗅觉也有利于健康，比如房间里味道香或者臭，就会判断要不要在那里停留。

嗅觉最重要的是直接与情绪相关，很多记忆是储存在嗅觉里的，熟悉的气味唤起对往事的回忆。在小时候喜欢的气味、受刺激的气味和向往的气味等等都会被存储起来，在时过境迁之后，一旦遇到相同的气味，一幅幅清新的图景就会随着气味而回来。

化学制品的气味和工业污染造成的气味等一系列的人工化、不自然的气味都会污染孩子的嗅觉，使用人工香气和空气清新剂或让气味过分浓烈，也会让孩子感到难受和形成不好的图景印象。我们要关注的是自然和健康的空气，体验各种各样植物的气息和天然食物的气味，清洁的家庭环境、新鲜的空气、干净整洁天然的味道，不使用化学的清洁剂，不用人工的香料，迷迭香等即使是天然的味道也不能太强烈。

* 味觉（Sense of Taste）

味觉要通过水来实现，感受味觉的舌头上的味蕾只能识别溶于水的味道，味觉和嗅觉也是紧密相联的。跟嗅觉一样，人们也不太重视发展味觉，味觉表面上只是人对食品的酸、甜、苦、辣和咸的体会，但是人们忽略了味觉的内在联系是生活品味和艺术品味。英文中的"Taste"就包括了这两层意思。很多民族都把艺术融入了饮食文化，讲究色、香、味俱全的中华饮食文化把人的感觉发展到了极致。健康的味觉意味着知道要吃些什么才能有健康的身体。所以我们应该给幼儿吃简单的食物，品尝食物的本味，给心灵能量、文化品位和气质。可惜的是人们只是注意满足低级的感觉而忽略了色、香、味的真正内涵。

你能够察觉出来味道好不好。味觉能带给你一种对品质的觉察，知道什么是品质和品味。神农尝百草，尝了之后就会知道这药物对身体好不好。味觉像我们的保护神、检验员一样。比如，你吃了很咸的东西，就知道对身体会不好。在现代生活中我们的味觉被伤害了，吃东西只顾吃好吃的。其实应该给孩子吃原味、吃清淡的东西。现在很多公司生产出来的食品，是通过研究如何让人吃了还想吃而生产出来的。现在家长把这样的食品当成是给孩子的奖励，这会造成很大的危害，一个 7 岁的小孩得胃癌，家长经常带他去吃烧烤就是其中很重要的肇因。一个 8 岁孩子的家就在肯德基楼上，经常去吃，结果孩子小小年纪就出现了性早熟。

危害味觉发展的是工业化食品，包括人造味素、色素和各种食品添加剂，以及自然食品中做得过甜、过辣、多盐或者过重的、过复杂的味道等等不得体的做法。好多家长给孩子们工业食品和垃圾食品，如罐头、袋装零食和速食食品等，都会破坏儿童的味觉。

自然绿色食品和在大自然中体会自然的气息是发展儿童高尚味觉（品味）的好手段。原始、简单、天然的食物，经过适当方式让不同菜里的自然的味道呈现出来；和孩子一起做一顿饭，让他们帮忙拣菜、洗水果，让孩子一起参与做饭的过程；摆桌子、碗筷，和孩子一起烘烤面包，规律地吃饭，进行餐前仪式让孩子感激食物。

* 视觉（Sense of Sight）

婴儿出生不久就能睁开眼睛看东西了，但他只是看，并不能进一步意识到这个世界的存在，也不能透过眼睛参与世界上的活动。一般成长到 6 个月之后，才真正地参与世界上的活动。要帮助孩子发展感官能力，就得丰富孩子目前的以及成年之后的生活。大自然就是艺术家，大自然总是能让人惊异和赞叹，大自然拥有缤纷的花朵、鸣唱的鸟类、庄严的树林以及壮丽的山岳与瀑布。这些优质的视觉感官印象，能给人带来和谐与艺术的感受。如果能把儿童引进这种艺术杰作中，深入内心体会，对儿童的视觉成长将会有极大的帮助。当孩子凝视甲虫或者观看星月时，父母可以分享他的惊喜；在海滩，父母可以与孩子一起聆听浪涛声，快乐地和孩子一起找贝壳。即使是最简单的事物，像花园中土壤里的小虫，对幼儿来讲也是欢乐的源泉。

城市的孩子生活在学校的围墙里，在家里的防盗门内过着像鸟在笼中的生活。生活在电视、电子游戏机、音响、电脑等所制造出来的虚拟空间里的孩子失去了在自然空间的生存体验。这种生存方式如同在动物园里长大的野生动物一样，失去了自然的生存条件，其本性和本能发生极大的退化。最直接的影响是孩子的感觉迅速退化，从而失去了很多天性和能力。很多孩子在黑夜里，有眼睛却不能真正地看到星星，有些城市里的孩子已经失去了识别方向的能力。其实近视的形成很大程度上是由于视觉没有得到充分的发展，或者是由于孩子失去了观察周围事物的兴趣。

一方面，人们要坚持百闻不如一见，眼见为真，在这样一条所谓的真理的影响下，过度地依赖视觉来认识世界，但在很多时候看见的却是一个虚幻的感觉；另一方面，视觉没有得到很好的发展，一个感觉不灵敏的人常常就会被自己的视觉所误导。现在的社会和教育就是这样矛盾。

我们的眼睛和心灵是紧紧联系在一起的，所以我们说眼睛是心灵之窗，透过一个人的眼睛可以读出关于一个人心灵的很多信息。每种色彩在心里产生一种感觉，甚至可以看出人的品味高不高，这个人的品德好不好。所以孩子的视觉一定要去保护。孩子的视网膜在 9 岁之前都在发育当中。大家都知道孩子出生时的视觉是不聚焦的。如果孩子三四岁就开始写蝇头小楷，那么就会成为很多孩子今后变成近视眼的肇因。很多孩子在小学开始写毛笔字，写得很小，然后再去写大的毛笔字，这其实违背了孩子生长发育的规律。请家长注意了，如果今后要培养孩子写字，请先教孩子写大字，比如写个大大的"人"字。保护孩子的视觉神经，包括可以让孩子看近处，看远处。据统计现代人的视觉区域下降得非常厉害，因为我们的物质圈子很窄，视觉处处给遮挡着，而孩子也一样，他们的视觉没有机会发展。

视觉对心灵有很大的影响，视觉带给心灵以洞察力和领悟力。它和美密切相关，孩子随时随地都需要美，需要优质的感官视觉印象。孩子看到什么就会学习什么，看到善的，就会向着善走，看到不善的，他很有可能就会向着不善的方向走。倒不是说孩子看到一个动物，他会变成这样的动物，而是当它看到这善的、美的东西，他会发展出相关的品质。比如，家长打骂孩子，孩子也会学习类似的行为暴力针对其他的人。而当孩子长大了，就会态度暴力，见人很冷漠，不说话等等。在给孩子选衣服的时候，请不要选衣服上有大狮子、大恐龙、奥特曼或迷彩服、闪光的鞋子等有刺激和暴力的图案。有研究表明，让孩子只穿没有图案的纯色衣服，校园暴力就减少了很多。

现代工业社会的电视和电脑屏幕的快速闪烁的画面对孩子的视觉非常不利，它会让孩子视力过早发展成熟，容易导致弱视和近视。比如：吸引注意力的没有文化内涵的画面，强烈又不自然的色彩，看电视和电脑屏幕，不美的气氛，无色彩的悲观的环境。

老师和家长要带动孩子注意大自然中的色彩，让孩子陶醉在美的大自然中，经常观察自然中美的事物，并深入内心体会；在室内摆放图画、布艺，在餐桌上摆放鲜花、蜡烛，成人在特定的时刻点上蜡烛，增加美和崇敬的氛围，成人穿着、言行也要是美的，服装和环境的颜色搭配自然和谐。如果我们带孩子到森林和大自然中去，会帮助孩子发展出健康的视觉能力。

* 听觉（Sense of Hearing）

虽然两三个月大的婴儿也能听到声音，但却不是有意识地聆听，大约 6 个月大之后，婴儿才会通过耳朵进一步意识到这个世界的存在。这时他能意识到鸟儿在唱歌，很显然，这时候的婴儿已经开始透过眼睛和耳朵去感受世界了。孩子很小的时候就有听觉，能听到声音，并且通过声音对世界有了更高层次的理解。

人的耳朵能够"调到"恰好的程度来感知这个世界的缤纷多样，因此，耳朵十分重要的。像大人一样，儿童要体验这个世界，就需要有真正能去听的耳朵，但是现在儿童有耳朵却不想真正去"听"各种声音，更不愿意细心聆听，对周围的声音不关注。听觉没有发展好，就会处在听觉的低级阶段，不能认真聆听人们的谈话，注意力不集中。现在有些人很难注意到其周围世界发生的事，不管是人的脚步声，自然中风声、雨声、树林中风吹树叶发出的声音，还是夜静时的无声。他们有耳朵，但耳朵却不能真正地发挥作用，他们的内在生活显得无聊寂静。

对孩子说话要有清晰的发音，如果声音不清晰，就不能给他清晰的感受，让孩子多接触"人"的声音而不是从 CD、录音机、电视里发出的声音。不要不断地催促小孩做某事，不要大声责骂。不断催促会使孩子失去平衡点，孩子是活在当下的，不要让孩子为了结果而做事。内心平静在功利社会很难得。应该避免过分刺激听觉的声音，如太大的声响，太快的语速，没有感情色彩的媒体声效（磁带和电子音乐），含糊不清的语言，说话没有感情，虚假的语言，噪音，等等。

应该让儿童去领略大自然的生机，通过与大自然和谐相处，让感官敏锐起来、生动起来。专心专注地聆听孩子的谈话，注意力就是爱，充满兴趣地了解孩子想做的事，不管孩子说什么都要认真聆听，当孩子有话时可能成人正在做别的事情，请孩子稍等一下，处理完后再专心聆听。

欣赏由人类特有的灵感激发而成的优美音乐也是发展听觉最佳的途径，比如成人对孩子唱的歌，用不同乐器一起来创造音乐。

* 语言感（Sense of Word）

语言感跟我们讲话时的表达方式、表达思想的清晰度有关。我们通常说的语感，是语言的真正本质，古汉语中的"道"是"说"，"道"也是语言，同时，"道"也是宇宙一切之道，即是真理。在《圣经·约翰福音》中的开头是："In the beginning was the Word, and the Word was with God, and the Word was God.（太初有道，道与神同在，道就是神。）"The Word（语言）就是汉语中的道。从圣经中可以看出，神是用"说"来创造万物的，而神就是语言（Word）也就是道，跟老子所说的"道可道非常道"是一致的，人的语言是彰显"道"，而不是"道"的本身。因此可以通过人的语言来判断人的个性特征和内在本质，语言的表达显得非常的重要。事实上，有良好聆听能力的人，才能有很好的社交能力。他能充分理解对方说的话，掌握信息，然后做出最恰当的反应。

因为我们有语言感，所以我们就能听得懂一个词句的意思。反过来想，如果我们对着一群鸡鸭说话，它们能听得懂吗？除了一些智商高一点的动物能听懂基本的字词，其他就不可能了。

有人做过这样的实验，把孩子分成三组学习语言，第一组孩子通过听录音学习，第二组孩子通过只听人说话学习，第三组孩子通过和家长互动学习。通过比较结果是：第一组孩子学得最差，第二组孩子学得较好，第三组孩子学得最好。华德福教育不在幼儿园开设外语课有很多原因，最重要的还是母语的学习，语言不仅仅是工具，还承载着精神的力量，所以，在幼儿园里尽量让孩子先掌握母语，到了小学，华德福教育一下子开设两门外语。要用母语是外语的人来教授外语，他们的发音很正统，又有语言承载的文化。如果父母能够用适当的语言和适当的方式跟孩子进行语言上的交流，不但可以培养孩子的语言感，而且还能帮助孩子认识世界和表达自我。这里谈到的语言还包括肢体语言。由于语言是来自感受和思考，感受和思考又来自运动，所以运动做得好的孩子，语言理解能力也强一些。

想一想刮锅盖的声音，再想一首美妙的音乐，我们发现音乐会进入自己的心里。有节奏、有韵律的声音会让自己的心打开。而语言不同，它进入到大脑里面去了。语言是具有逻辑性、智性和思考力的东西。如果孩子生活在一个大人每天都在叨叨说话的环境，那么很多智性的东西在他头脑里嗡嗡响，孩子的听觉会受到损伤。而歌声、轻柔的说话声和安静的环境对孩子很有好处。孩子的思维方式是感性的、图像式的。听觉是要听到事物的内在，聆听能力是现在很多孩子最缺乏的能力。现在要不就是爸妈说得太多，孩子不听了，成为背景音乐。要不就是全听孩子的，孩子发展不出聆听的能力。很多人都是"我只听我想听的"。所以不要让孩子太多使用耳机，听太多录音，避免不用心去听。

含糊不清的语言，没有感情色彩的语言，过于平淡的、不让孩子弄清大人心情的表情，撒谎，表里不一，都会危害孩子语言感的发展。不要用哄婴儿的语调和孩子讲话，那不是我们世界真实的语言，孩子在成长中，应该是向前发展而不是向后退缩。应该用正常人的语速讲述事情，描绘图景，对孩子展现优美清晰的成人语言，语言应该自然、真实、充满想象力和色彩。要使用热情的说话语气，在语言表达时加上身体动作和表情，心里想法和口头表达要统一、真实，使用有个人特点的个性化表达方式。顺应季节，描述季节，朗诵、背诵与之相关的诗歌、散文，比如一首关于秋天的诗，引导孩子去留心观察秋天的美丽，会滋养孩子的语言感觉。

人通过十二种感觉来把自己和世界分离开来，也是通过十二种感觉来接触和了解世界，并通过交流形成内在的感受和体验，以便对外界做出分析、判断和反应，表达人的存在及存在的意义，而语言是最明显和最突出的表现，所以语言的表达实际上是人的内在表现。

* 思想感（Sense of Thought）

思想感可以觉察到自己的思想，而且同时可以理解他人的思想，帮助我们理解精神的本质。人是唯一能通过思想来沟通的生物，在沟通中必须感知自己的思想和他人的思想，才能与他人形成真实的接触，斯坦纳称之为"对他人自我的感知"；缺乏这种感知可能会带来疏离感，而无法与人沟通或获得友谊。在当代的商业社会里，由于人与人之间有太多的利益冲突，人与人之间的关系变得不可信任，疏离感困扰着家庭和社会的人际关系。

要在早期发展这种感知能力，就必须给儿童创造人际接触的机会。儿童的玩伴、祖母生日宴会之类的家庭假日团聚或庆祝会，或家庭生活中的来来往往等社交活动，都可以让儿童与朋友、家人互相分享生活的趣事与体验。这些共享的人间体验，能让儿童发展出对他人需求的真实感知，而且能愉快地跟其他的同伴产生联系。

在忙乱与喧闹的现代生活中，人们很少能够体验到共享的乐趣，也缺乏了解他人的感知能力，甚至无法感知他人的存在了，或者说这种感知力已经被麻痹了，被所谓的现代文明摧毁了。没有道德、没有意义的行为，杂乱、没有规律的思考，与他人不愉快的接触过程，颠倒事物本来的意义，没有道理和原因的联系等因素，都会危害思想感觉的发展。

那么，有什么办法能够帮助我们对这些已经被弄得乱七八糟的感觉世界进行补偿性治疗吗？那就是艺术，艺术比起任何东西都更能治疗这种感觉。孩子在还没有思想感觉前，我们成年人要通过清楚地表达对各种事物的看法来展现给孩子一个有意义的思想。孩子在不停地吸收成人的思想和言行举止，如果成人爱闲言碎语、搬弄事非，孩子也会成为一个爱搬弄是非、说闲话的人，成人一定要注意自己的言行，成为孩子的榜样。成人应该谈一些贴近孩子的事情，孩子吃饭时，餐桌谈话要与孩子相关，谈论与孩子有关的并且能理解的事，不能谈"人智学"等诸如此类抽象的超越孩子理解范围的事情。成人还应为孩子创造与他人愉快接触的机会，讲述真理和正确的道理以及不同事情之间的比较，让孩子感受环境中不同事物间存在的关系。

* 自我感（Sense of Ego）

自我作用在人类的心灵深层，可以把心灵提升至高尚的境界，也可以把心灵牵引下降至野蛮的境界。在情绪澎湃汹涌时，在光明与黑暗、爱与恨之激情的复杂对立下，自我就会清晰地表现出来。当你看到一个人的精神性时，你就会去尊重他人。他的载体即他的身体和想法，而这个自我又是和他的触感在一起的。

　　自我感觉包含着沉睡着的意志、理性的思考和感觉。意志在不知不觉中引导着人的行为，感觉在思考和意志之间，在人半清醒的状态下，左右着人的行为，也影响着人的思考。当意志和感觉缺乏协调时，人的行为会表现出非理性。如在意志的支配下做出了动物式的本能反应，但是意志也可以是完全为他人设想的神圣行为。人在感觉支配下做出了本能反应，也可以是情绪化的结果，也可以是最人性的行为。自我感觉的另一个表现形式是感知他人的存在，以及他人的自我的存在。

　　自我感觉的发展并非指自私的行为，而是一个无私的行为，对待他人一切理性和非理性的行为都能反映出一个人的自我。华德福教育的人性化教育显然是发展自我的感觉，在自我作用下，让人的理性发挥意志本能和感觉的最高反应。教育孩子尊重他人，了解他人的思想就是对自我感觉的提高。

　　十二感觉中的每一种感觉都可以发展为更高级的觉知、理解和意识，初级感觉发展为对意志和内在世界的觉知，中级感觉发展为对情感和心灵的觉知，高级感觉发展为对精神和灵性的觉知。

由于自我又是和它的触感在一起的，小时候触感缺失是危害自我感发展的重要因素，另外，在成长过程中，不被尊重和非人道地对待也具有巨大的影响。人与人之间没有兴趣，没有爱，互不理会生活环境，没有鼓励，没有认可，孩子的自我感觉就无法发展。

因此，自我感觉在孩子小时候，通过触感来发展，或者通过父母（老师）的示范，感受"我"是这样的，希望成为这样的"我"。家庭中父母就是"我"，学校中老师就是"我"，对待孩子和周围的人要热情和有爱心，平等待人，人与人之间多沟通交流，要向孩子展现作为一个有道德品性、善的人的形象，为孩子将来的"我"打下良好基础。我们应该让孩子周围的环境有秩序和有条理，如果孩子进入教室，东西摆放混乱，孩子就找不到"我"的感觉，所以要拥有秩序的生活，物品各归其位，让孩子通过秩序和条理感受到"我"的存在。

第五章

四种气质

当身体起支配作用时会形成抑郁质，当生命体起支配作用时会形成黏液质，当星芒体起支配作用时会形成多血质，当自我起支配作用时会形成胆汁质。

1. 四种气质的起源

斯坦纳认为形成和决定人的行为的是人的内在本质，它决定人如何对外界进行反应。斯坦纳在他的《四种气质》一书中，就气质问题做了详细的解释："人的心灵本质是在人的身体、生命体、星芒体和自我进行组合以及它们在相互作用过程中，各个个体浮现出的独特的特征，常常由一个心灵体起支配作用而形成气质，从而使个性突出。当身体起支配作用时会形成抑郁质，当生命体起支配作用时会形成黏液质，当星芒体起支配作用时会形成多血质，当自我起支配作用时会形成胆汁质。常常有多个心灵体起支配作用而形成人的气质，而且在生活经历过程中，尤其是经过艺术和宗教的体验后会发生变化，所以，气质并不都很鲜明。"

对于人的气质类型分类最初来源于古希腊的风、水、火、土四元素认知体系。在古希腊的古典哲学中，风、水、火、土是构成世界上所有物质的最基本实体，是物质或能量或世界万物的构成本质。当然，许多不同的民族，有建构出属于他们自己的世界的元素，如印度佛教的四大种以及中国的五行。古希腊的医生希波克拉底把这种思想运用在医学理论中，他的理论称为希氏学派。他认为人的体内有血液、黑胆汁、黄胆汁及黏液，称为四液，一个体格强健的健康者，则四液的量是均等的。而人的疾病来源于体内的四液失调的结果，当四液的量失调时，人即生病，直至四液恢复平衡，病才痊愈。

希波克拉底根据哪一种体液在人体内占优势区分了气质类型，根据四种体液所占优势而显示出的气质分为四种类型：胆汁质（Choleric）、黏液质（Palegrantic）、多血质（Sanguin）和抑郁质（Melancholic）。多血质的人体液混合比例中血液占优势，胆汁质的人体内黄胆汁占优势，黏液质的人体内黏液占优势，抑郁质的人体内黑胆汁占优势。直到几世纪以后，罗马医生哈林（Galen）用拉丁语"Temperametnum"一词给"气质"一个正式的命名，于是就有了四种气质类型（The Four Temperaments）。

从此，四种气质和四元素结合，多血质也称为风相，黏液质也称为水相，胆汁质也称为火相，抑郁质也称为土相。

描述人的气质特征时，不应该有偏见，认为其中一种气质类型比其他气质类型好。任何气质类型都有双面性，我们只是从各个方面去客观描述这些特征。我们根据大部分的特征描述，而并非将其公式化成为定型。例如，从体型来看，一般多血质的人身体比较苗条和均匀，胆汁质的人身体比较粗壮；但也有非多血质的人身体比较苗条和均匀，非胆汁质的人身体比较粗壮。

如果成人充分了解了自己的气质类型，并有意地平衡自己的气质类型，便不容易显示出气质特征。因此，在这里主要描述的是孩子的气质类型。但是，一般来说，上小学之前的孩子气质类型也还不明显，因此，根据这些描写去判断 7 岁以前的孩子并不太合适。

2. 多血质（风相）

● 身体：清秀、苗条和均匀，认为天生就应该充分使用这些身体特质，不会注意自己的身体是否健康，也不容易觉察到自己的病情。注意身体的外表多于身体的实质，但是很少生病。

● 行走：姿态优雅，走路像用脚趾走，脚跟不到底，脚步轻盈和快速。但是多动，显得不够稳重，让人有飘飘然的感觉。

● 食物：喜欢好吃的，但吃得不多，对吃什么不挑剔，但吃的东西必须多样化。吃饭快，不喜欢吃得太饱，喜欢吃零食，喜欢尝试新的东西、新花样。吃东西关心口味，不关心健康。

● 穿衣：注意自己的外在形象，讲究穿着打扮。热爱色彩鲜艳的衣服和帽子，喜欢穿戴首饰，不会在意衣服的实用性，而是以美和喜好为主要标准，因此，会在冬天穿夏天衣服。

● 房间：一般不喜欢太多东西，衣服和东西凌乱，缺乏条理。

● 意志：动作快，行为有时像小鸟，有时像壁虎，睁大眼睛随时观察着世界，并迅速作出反应，但是缺乏持久性。完成任务快，但是比较潦草，不在意细节。

● 感觉：对外的感觉灵敏，容易被外界的声音和事情影响，对自己的身体和他人的内心感觉迟钝，不容易感觉到他人的内心感受。有爱心，但缺乏同情心。

● 思考：想象力丰富，思想活跃，点子多，在群体里容易当上领导，但是缺乏领导力。容易发起游戏，但玩一会儿就离开玩别的去了。

● 自我：自我体受星芒体影响，甚至控制了自我，因此容易情绪化和歇斯底里。

● 运动：爱运动，也热爱探险性活动，身体的平衡感好，但持久能力差。

● 语言：小时候声音高尖，语速快，语言缺乏逻辑性，语言表达不太准确。

● 艺术天赋：艺术天赋好，乐感很强，热爱浪漫和忧伤的艺术和文学作品。广泛地爱好各种艺术，可是不容易专攻一门。

● 兴趣：对外在世界感兴趣，兴趣广泛，热衷新鲜事物，热爱这个世界，但很多兴趣是短暂的。

● 节奏：灵活多变，生活做事不喜欢规律。

● 社交：热爱社交，社交能力强，易被人喜爱，总是很开心，不易生气，如果生气也很快就消失。如果受伤，只哭一会儿，边哭边笑。

多血质（风相）的孩子太常见了，这种气质几乎每个孩子身上都有一些，所以多血质是所有儿童的基础气质。但是，有些是多血质的特征，有些是孩子的气质失衡的神经质特征。在这里让我们用女孩露露和男孩凡凡分别作为这两种类型的例子来仔细地辨别一下。

露露就像个小精灵一样，她体形苗条，胳膊和腿部显得比较优雅。她经常不自觉地用脚尖走路，好像在追逐着什么似的。她很擅长跳跃，也喜欢跳舞。露露还是很有音乐天赋的。如果不小心摔倒了，露露顶多哭一小会儿，哭着哭着没准又笑了。她喜欢摇摆类的活动，超级喜欢秋千、旋转木马，她几乎不会晕船。

在孩子们当中，露露很容易交到朋友，也经常会是个小头目，她也乐意当个领导什么的。但她是那种总能想出好玩的新主意的领导，不过主意一出，她马上又厌倦了，她总对新的东西感兴趣。因此，也许会经常觉得露露并没有在认真听其他人说话，然而实际上她却经常比那些似乎认真听讲的孩子记住的更多。

露露也很爱吃东西，但吃不了太多，她会像小鸟啄食一样每种都尝一些。她讨厌吃得过饱，而且不喜欢吃肥的，水果和咸酸食物是她的最爱，鸡蛋、肉、太甜的巧克力，这些东西她就不太爱吃了。露露很少生病，即便是在不注射疫苗的情况下。她对自己的身体不感兴趣，身体哪痛哪痒都不是什么大事。她真正热衷的，还是身体外的这个活生生的世界。露露晚上很容易就能入睡，但是也容易没有任何征兆地突然醒来。与胆汁质孩子相同的是，她早上也起得很早；而与胆汁质孩子不同的是，她醒来后不会马上开始对世界的探索，而是会在床上玩一会儿，比如先唱个歌儿什么的。

露露确实是不时地变换活动的内容或形式，但必须基于一个稳定的变化规律。对于这样的孩子，她的呼吸是有很明显的节奏的。这里所指的呼吸不仅是生理上的呼吸，也包括心理上的呼吸。因此，露露可以专注地看书写字，但时间不可能太长，而紧跟着就在自由玩耍，这就是心理上的正常呼吸。

凡凡感觉无聊的时候会在地上打滚，一边玩一边笑，但是最后笑声会变成刺耳的尖叫声。当他打开抽屉的时候，他不加观察地扔出抽屉里所有的东西，一边扔一边尖叫或抱怨。他看书的时候胡乱地翻，他所表现出的并不是随时对其他的书感兴趣，而是对所有的书都不感兴趣。你可以感觉到凡凡的内在世界很虚弱，因此他无法去爱别人。如果是这样的孩子，也许真的会产生神经质性的多血质特征。

对于大多数多血质孩子而言，他们大部分是处于露露和凡凡这二者之间的。成人在面对他们时，不需要跟这种气质作对。不需要提供什么治疗，真心接纳这些特征，并自然地平衡自己的气质。

对多血质的孩子的帮助，除了对孩子要有正确的认识外，在孩子爆发时还要能够平静地关注他，看看是什么事情，怎么做的，不要在当时处理。如果很危险，马上制止，在孩子生气时不要说道理，不要训诫。最有效率的办法是转移注意力，给孩子安排合适的任务，释放这些能量，如锯木头、钉东西、挖地。斯坦纳认为给这种孩子布置任务要超出他们的能力，这样能让他们知道自己不是什么都能做，也不至于潦草完成。孩子在能够控制自己情绪的时候会很高兴，期待向成人展示控制的方法。这种孩子成人后，如果自我发展得足够强大，就可以控制情绪，如果自我发展得不好，就不能控制情绪，不擅长社交。

多血质的孩子最大的缺点就是注意力不集中，因此必须激发这种孩子的想象力。一旦他们的想象力被激发出来，就能延长他们专注的时间，并找到他们感兴趣的事情，逐渐让专注的时间加长。

3. 胆汁质（火相）

- 身体：矮壮头圆，脖子短粗，背厚，强壮有力，气粗，汗多，很少生病。

- 行走：脚步重而响，走路像用脚跟走，用劲走路，显得稳重。

- 食物：对食物不太在意，不挑剔食物，喜欢水果，不喜欢零食，食物重实质不重新花样。喜欢重口味，填饱肚子为重，不关心是否对身体健康。

- 穿衣：讲究名牌和面子，以是否领导潮流为标准，在意衣服的实用性。

- 房间：喜欢简单和实用，不喜欢软床垫，喜欢硬且大的床等家具。房间通常是脏、乱、差，不打扫，喜欢找别人代劳。

- 意志：精力旺盛，行动快和直接，通常第一个响应号召，并喜欢做发起人，主动承担责任。缺乏思考就去实施，并全力以赴地工作。如果做错事了，不太容易当面道歉，即使是道歉，也是说完就走，但如果让他们用行动来弥补过失会很容易。

- 感觉：非常富有正义感，认为坏的就要惩罚，好的就要表扬。感情强烈，胆大而勇敢，有时粗心和鲁莽。不能客观看待事情，道德感简单，容易感情用事。

- 思考：过于简单和直接地看待事情，从小就有强烈的愿望想参与所有的事，控制欲强，想控制所有的事情，如果控制不了就会发怒，在群体里容易当上领导，敢担当责任，具有领导力。但是容易刚愎自用，喜欢专制独裁。

- 自我：自我受到自我体的主宰，显得自信和傲慢、固执和独裁。

- 运动：有爆发力，持久能力差，爱运动，热爱探险性活动，身体的平衡感好。

- 语言：声音大而洪亮，语速快而语言表达能力好，语言准确直白，并具有煽动性和感染力。分享时也不考虑，很少表现害羞。但是，不顾语言对他人的情感影响和他人的感受。

- 艺术天赋：缺乏想象力和创造力，不喜欢浪漫和忧伤的艺术和文学作品，缺乏幽默感。

- 兴趣：对外在世界感兴趣，大部分来源于被动，兴趣广泛，热爱这个世界，对世界充满希望，并热情去参与改变世界。

- 节奏：灵活多变，生活做事没规律，早起，很期待一天的生活，起床后马上投入工作，不太需要过多的睡眠。

- 社交：热爱社交，但是并不太善于社交，喜欢照顾和帮助他人，容易发脾气和伤害他人的感情，因此，并不容易被人喜爱。但是生气也很快，消失得也快，不计较恩怨，容易原谅人。

胆汁质的孩子非常容易做出决定，并且他们会不做更多的思考就立刻执行这个决定。他们的决定绝对是自己做出的，不会复制任何其他人的决定，也不喜欢跟其他人商量，相信自己是对的。由于他们的感情有时过于强烈，所以他们也许不擅长社交。因为在成人之前，他们的生命能源都是以星芒体为主导的。一个成长顺利的胆汁质孩子会在他成人之后用自我（Ego）去控制住强烈的感情，当然，也有反例。

胆汁质的孩子在外貌上有一些共性：个子不高，很结实强壮，头部比较圆，脖子短粗。这些也许是供教育者认出胆汁质孩子的某种标准，但是他们的精力旺盛其实是天生的。在他们很小的时候，他们会经常发怒，但是这怒气往往是针对他们自己的，因为低龄的胆汁质孩子能力太弱，会因为达不到某种目的而懊恼。胆汁质的孩子无法自己控制自己，需要每分每秒都照顾好他，即便到了7—10岁，他们也不能像其他孩子那样，在面对这个世界的时候有更多的透彻和清醒。当然，如果你留心观察，他们胆汁质的特点通常会在9岁、12岁、15岁、18岁、21岁这几个关键年龄时发生某种变化。不论何时，他们很少害羞，愿意付出，这些气质决定了他们很适合做一个领导。他们说话可能会粗鲁。只要给他们的工作不太无聊，他们就会全力以赴地去完成。

胆汁质的孩子处处表现出力量，他们握笔的时候基本不是在"握"，而是"抓笔"。他们写字画画用力很大，以至于经常折断笔头。在画画的时候，他们特别喜欢运用那些非常浓重的颜色。胆汁质孩子有强烈的正义感，但是道德感非常简单。如果是邪恶的，就赶紧惩罚；如果是善良的，就快快奖赏。因此，他们会喜欢那些情节简单、赏罚明确的故事。如果他们做错了事，他们更愿意用行动去直接弥补错误，而不愿口头承认。胆汁质的孩子会对故事中有关胆汁质性格人物的情节非常敏感，因为他们需要通过这样的例子来审视自己。

胆汁质的孩子会通过挑战成人的方式，挣扎着去和自己作斗争。在面对胆汁质孩子的时候，不了解他们的教育者往往会失去耐心。成人应深刻地了解他们，帮助他们逐渐去适应和控制自己，这是需要爱的。在胆汁质孩子发怒的时候，成人要首先控制住自己的情绪。这包括三个方面。

第一，不要去强迫胆汁质孩子马上就去改变，尤其不要求口头的认错和承诺。给时间和空间让这些孩子去冷静下来，并创造机会给这些孩子去工作。

第二，成人控制住自己的情绪，不要向胆汁质孩子的火爆脾气表示屈服，保持冷静。因为成人的屈服并不能给胆汁质的孩子带来成长的好处，胆汁质的孩子需要的是迎接挑战，需要一个他们可以学习、崇拜的成人作为偶像，他们会慢慢地从这个偶像身上学会如何控制自己。

第三，也不要采取讥讽和挖苦的手段，如果这样对待了一个胆汁质孩子，将会伤害他的一生。值得提倡的，是用幽默来解决问题。

非常具有操作性的一个建议是：面对胆汁质的孩子调皮捣蛋时，不要立刻处理，而是退后一步去思考，他们为什么要这么做？他们怎么会有这种情绪？甚至可以把这件事放到第二天再去处理。让胆汁质孩子回忆自己做错的事情的时候，不要用任何训诫的口气，非常客观地告诉他们当时发生了什么事情，可以更有利于帮助他们跳出自己的那种强烈情绪，稍微理智地看待自己做错的事情。但是，如果当时现场情况紧急，出现了非常暴力的场面，就需要成人立刻做出反应了。

在日常的生活中，也许我们会看到很多孩子会容易表现出很像"胆汁质"的特征，比如行为冲动。但是这样的表象也许是因为现代社会给孩子的压力过大，造成了他们内心脆弱空虚，精神紧张。而内心脆弱空虚的特点恰恰是不符合胆汁质孩子的。如何去分辨这二者呢？可以给这样的孩子稍微难一点点的任务去做。真正的胆汁质孩子内心有使不完的力量，他们正需要任务去释放激情，而且对于"有些累，但是做了好事"这种感觉非常向往。而内心脆弱的孩子是不太愿意接受挑战并只专注于完成任务的。

4. 抑郁质（土相）

- 身体：瘦高，纤细，身虚体弱，多病，看起来比实际年龄小和幼稚。

- 行走：脚步重但是不响，走路时感觉身体很重，好像要沉入地下去。

- 食物：对食物挑剔，食欲不好，对任何食物都讲究身体健康，不重视口味。喜欢甜食和零食，会有意识地控制自己的饮食习惯。

- 穿衣：不讲究穿着打扮，发型和服装都保守，不喜欢新东西，怀旧和朴素，不希望通过外表引人注意，生活表现低调。

- 房间：喜欢简洁、干净和整齐，房间通常井井有条。很多旧的、没用的东西也被收拾和保护得非常好。

- 意志：认为世界很孤单，不愿意醒来，愿意做梦，不希望融入现实，缺乏积极和主动。慢热型，意志力坚强和持久，一旦接受任务之后会尽心尽职和坚持到底完成。

● 感觉：总是活在内在，很难被外界打扰，内在很丰富，有时很骄傲，但不表现出来，白天会装作别人，晚上回来再做回自己，有时就会觉得悲伤和难过。有强烈的同情心，感受到别人的困难，比自己的强烈。

● 思考：爱幻想和思考，把简单和直接的事情，复杂看待，思考深奥的问题，在思想上很成熟，但行为很幼稚，容易有出人意料的极端行为。在很小的时候就会问很严肃的问题，并认真听成人的回答，并对回答进行深入思考。

● 自我：身体会深刻影响自我，对身体的病痛超级敏感，自我比较突出和稳定，显得比较固执和执着，保守不开放。

● 运动：很少户外活动，外在很呆板，行动缺乏协调，但他会看别人户外活动。

● 语言：声音小而慢，语言表达入木三分，让人深思，有幽默感，并具有煽动性和感染力。分享时也不多加考虑，很少表现害羞。但是，不顾语言对他人的情感影响和他人的感受。

● 艺术天赋：有天马行空的想象力，爱好诗歌，喜欢悲剧，比如忧伤的电影、音乐、艺术等文学作品。

● 兴趣：喜欢安静，悲观地看待这个世界，为世界的困难担忧。对未来世界充满希望，并热情去参与改变世界。

● 节奏：喜欢一成不变的生活和做事节奏，需要充足的睡眠。

● 社交：喜欢独来独往，不太愿意和别人一起玩，愿意沉浸在自己的幻想中，朋友不多，有很少的几个铁杆知心朋友，并能维持非常久的友情。喜欢藏起来被人找，喜欢被人注意他，特别需要被证明存在的价值。

从步伐上去辨识抑郁质孩子，会感觉他们脚步沉重，好像在他们那个小身体里，居住着一个沉重的灵魂，这个身体拖动起来很吃力。抑郁质的孩子最担心的事情是没有孩子喜欢他，因此他们很幼小的时候，就会经常提出"要求别人喜欢我"的这种信息。

把果果作为一个典型的抑郁质孩子描写一下：

果果比别人更晚换牙，抑郁质的孩子有时候会在八九岁才开始换牙。果果有些高和瘦，前额比较宽。他有一种习惯于深刻反思的能力。他的老师很难将某种外在世界的印象加之于他，因为他几乎每时每刻都在审视自己。他的内在世界并不空虚，他的思想非常丰富。他会一动不动地待着，人们一般看不见他活跃的内心。只是童年的果果未免会呈现出一种既深刻又幼稚的状态。

四五岁的果果就开始考虑："如果虫子能听见鸟飞的声音，是不是就可以及时逃跑了？"或者，"躺在墓地里的祖母到底会不会感觉冷呢？"如果他得到了成人的某种回答，他会真的对这些答案进行沉思，并寻找答案。在这个年龄的孩子，一般不会对这些问题感兴趣。

果果有如此强的思考能力和这么丰富的思维内容，他也愿意和其他的小朋友分享。然而不幸的是，与他同龄的孩子是不会对他思考的那些问题有很大兴趣的，于是果果就有了受挫感，而不愿再展示自己的思考，尽管内心深处他对自己的这个能力是有些骄傲的。

果果胆子显得很小，因为几乎所有的声音都可以吓着他。果果喜欢藏在某个地方不出来，但实际上，他是期待成人来寻找他的，因为那代表成人没有忘记他。确实，所有的孩子都需要自己被爱的证明，而抑郁质孩子尤其如此，因此他会特别做出一些举动，或者说些耸人听闻的事，这些举动本身的目的，就是证明自己被爱。

比较有趣的事情是，果果喜欢想象出一个朋友来陪伴自己。抑郁质的孩子会喜欢睡觉，因为他们在梦境中会比在现实中更舒适，因此睡眠是他们逃避现实的一种手段。但是，他们又会入睡困难，任何动静都会影响他们的睡眠，他们入睡需要依赖自己编织自己的故事，把自己想象出来的伙伴也编进去。即便是在白天，果果也喜欢扮演出他想象的某人，这种"扮演"很多时候是即时的、短暂的，不会持续很久。果果虽然喜欢玩这种想象游戏，但是他也期待能和其他小朋友一起玩。

果果喜欢听故事，尤其喜欢悲剧，不喜欢喜剧。当他听到韵律感、节奏感非常强的声音时，他会不由自主地随之摆动，就好像他的灵魂在跳舞，而身体仅仅是跟随而已。在体育运动方面，即便是男孩，如果是抑郁质的，也不会喜欢球类的运动。

毫无疑问的是，抑郁质孩子需要的爱与关怀会比其他孩子更多。可以给他宠物猫狗作为小伙伴，通过照顾小动物满足他的同情心，表示他存在的重要性和意义。他并不喜欢把所有的话都讲给父母听，但是，他非常喜爱讲给小动物听。

当你试图让他朝气蓬勃的时候，他绝对会拒绝。最棒的方式其实是成人敞开心扉地与他交谈，再加上一些幽默感。他乐意维持闷闷不乐的样子，其实，他的内心并不见得不快乐。

抑郁质孩子由于天生的关注视角就在自我，所以过度发展自我会容易成为以自我为中心的人，要注意平衡这一点。最好的方式是告诉他们世界上其他人更悲惨的故事，由于抑郁质的孩子是充满同情心的，他们去关心这些悲惨的事情会忘记自己的抑郁。当然，这样故事的结尾最好能是：那些悲惨的人最后通过自己的努力成功了。

注意他的保暖，不要在他身上浇冷水。在他睡觉前后，爱的气氛很重要。抑郁质孩子一般不会对吃特别感兴趣，除非他是真的饿了。为了吸引他吃饭，也许你的摆盘应该优美些。不要给他太重的口味，蔬菜水果更适合他的身体，鸡肉鱼肉等会比猪肉和牛肉更适合他。

果果很记仇，任何伤害到了他的感情的语言和事情，都会被他怀恨一辈子。对抑郁质的孩子必须格外地客气和小心。

5. 黏液质（水相）

- 身体：身体圆润、饱满、圆乎乎的，坐的时候身体很软，显得成熟老练，身体和谐，但是，目光很梦幻。

- 行走：动作缓慢，走路像在水中行走，来去无声，无影无踪。

- 食物：热爱美食，胃口好，食量大，对任何食物都讲究口味。不会控制自己的食欲和饮食习惯。

- 穿衣：不讲究穿着打扮，服装单调和实用，怀旧和朴素，低调。

- 房间：喜欢安逸的、温暖的、舒适的环境。生活的环境简洁、干净和整齐，秩序感好。

- 意志：在群体里从不发起任何活动，尽量避免做更多的事情，如果不想做什么的时候，反应不强烈。动作慢，进入慢，但一旦进入，就能持久，有耐心、可靠、负责，做事有满足感。

- 感觉：不容易动感情，比较关注自己的利益和情感，喜欢听故事。

- 思考：思考逻辑性强，但是想象力差，记忆力好，细节记得清楚。对任何事情都会多些顾虑，消化和理解事情慢，做决定时优柔寡断。

- 自我：身体会深刻影响自我，对身体的病痛超级敏感，自我比较突出和稳定，显得比较固执和执着，保守不开放。

- 运动：懒得参与户外活动，运动力差，对脚没意识。

- 语言：声音很好听，语言简洁平淡，缺乏幽默感，喜欢怂恿和煽动其他人做自己想做但不敢做的事，深藏不露，能保住秘密。

- 艺术天赋：有艺术天分，有精益求精的精神，有耐心和细心做艺术工作。

- 兴趣：回避努力，不太关心世界发生了什么。

- 节奏：内在生物钟准确，不喜欢变化，在固定的时间做固定的事情，生活和做事有规律和节奏，不愿意起床，任何时候和任何地点都可以睡个好觉。

- 社交：不太喜欢与人交往，被人认为无趣。但是脾气好，随和。容易被人喜欢，人际关系好。对朋友忠诚，并能维持非常久的友情。

黏液质的孩子，虽然缺乏想象力，但是擅长艺术，当开始发展智性时，艺术才华会消失。他们喜欢用艺术的方式学习，就像沉浸在自己身体里一样。如果要保持这种艺术才华，就要给些小的任务，这样他们就会有意识地去做。例如，画画时，这样的孩子不会去想画什么，而是完全沉浸在自己感觉里，随意地画着，如果成人能告诉他"我希望能看到小鸟在树上唱歌"，他就能有意识地去画，同时保护了他的画画天分。长大后，如果发展得好，就会做事有毅力，不忽视任何事，承诺做的就一定会做。

　　一个黏液质的男孩，在一次数学课堂上，老师在上面讲着的时候，他已经注意力不在课堂上了，他开始想："我书包里有一个好吃的面包，现在好想吃，怎么做才能不让别人发现，偷偷地吃呢？"这个时候，老师叫他的名字回答问题，他很无辜地看着老师，让老师把问题重复了一遍。这时，他不直接回答老师的问题，而是答非所问，老师让他坐下。下课后，他第一时间把书包里的面包吃了。课间休息时，他也不参与活动，站在旁边，吃着面包，有人撞倒了他，面包也掉了，他却不生气，站起来，把面包捡起来，弄干净，接着吃。

　　很多父母都有这种印象，黏液质的孩子好管理，因为他们容易满足，也许会感到带黏液质孩子是件非常轻松的差事。在与其他父母交流育儿种种的时候，对他们所描述的辛苦会感到有些言过其实了，只是确定自己的孩子太安静了。黏液质孩子基本上是父母眼中的完美孩子。他们总是很容易满足，脸上怡然自得的神情，目光充满梦幻。相对于其他气质类型的孩子，黏液质孩子的灵魂对自己的物质身体的适应程度非常高。因此，他们的灵魂就那样非常安详地待在自己舒适的身体里，不会像其他孩子那样，在了解内在、外在世界时因为经常遇到困难而发脾气。对于黏液质孩子而言，一切都很合理和美好，不需要自己做太多努力去改变现状。

黏液质孩子的父母会发现，他的孩子有很明确的生物钟，喜欢到什么时间做什么事情。你不必提醒他们睡觉时间到了，他们相对会愿意自己上床睡觉，但也相对会喜欢早上赖床。他们走路时脚似乎抬不起来，像在趟着一汪浅浅的水走路。

他们的外形特征一般是柔软、胖乎乎、圆滚滚的，经常像个大沙包一样软软地趴在某个地方。他们有这样胖乎乎的身材也许缘于黏液质孩子对食品的挚爱。黏液质的孩子是很少发火的，即便是到了睡觉时间，没有及时为他们提供休息的环境，他们也顶多是不太高兴。但是，如果你剥夺了他们吃饭的权利，他们会立刻发脾气，享用食品对于他们来说是需要缓慢而精致地进行的，因此，他们经常吃得很多，吃很长时间。

布置给黏液质孩子的工作，就算无聊和简单重复的工作，他们似乎也并不太介意。缓慢、持久、富有耐心是他们惯常的工作状态。如果他们承诺第二天完成，即便做个通宵，他们也在所不辞地完成任务。如果别人在做什么事情，并没有邀请他，他也会很有尊严地作为一个旁观者就那样看着，并不太渴望加入别人。因为他们可能会担心别人给他们带来麻烦。他们不喜欢需要想象力的玩具，而喜欢仔细地观察研究某一个客观实际的东西。因此，黏液质孩子是很可靠的，可以让他们照顾植物，给植物浇水。

黏液质孩子一般不会主动提出来做新的工作，也不擅于应付老师突如其来的提问。同一个玩具会玩很久，同样的神话故事可以听很多遍，如果他们喜欢这个故事，几乎听四遍之后就能一字不落地背下来。他们画画时也喜欢画同一个东西。黏液质孩子其实是很有艺术天赋的，他们画个小女孩会画得很有感觉，富有活力。只是他们每次画的小女孩，几乎都穿着同样的裙子，画面中天上太阳和云朵的位置都不变，顶多是裙子上的花纹变一变。黏液质孩子的韵律感也不仅仅表现在音乐中，他们会用韵律感去出色地背诵乘法表。不论是什么内容，如果是有节奏和韵律的，黏液质孩子都能很快记住。因为他们的艺术天赋并非出自他们本身的幻想，而是直接来源于他们的生命体，是无意识的，所以，在孩子进入逻辑思维状态后，这种艺术天赋很有可能消失。除非老师很明确地意识到黏液质孩子的特征，在艺术课程上为他们安排些小任务，使得他们能够在稍微清醒的状态下有意识地去挥洒他们的艺术天赋，这样，他们的这部分能力会在长大后也保留下来。

黏液质孩子小时候不经常生病，但是上学后可能很容易得麻疹、发烧，这些都是他们身体和精神成熟化的过程。每次生病，他们都会从舒适的状态中清醒一些，所以，一个黏液质的孩子长大成人后，会对他生病之后的事情记得更清楚，而对于他生病之前的事情几乎没有记忆。

相对于爱做决定的胆汁质孩子，黏液质孩子轻易不愿意决定什么，大部分时间觉得怎样的决定都差不多。但他们如果一旦真的决定了，他们会清楚地记下，并一定履行。

黏液质孩子真的是很特别的一群人，需要用我们自身向上的力量去帮助他们克服迟疑，保有他们的忠诚可靠，让他们能够宁静如水地面对各种问题。与黏液质孩子相处的建议的理论基础是：将他们的精神从沉睡中唤醒，吸引他们的精神来到外在世界。以下建议千万不要用在其他气质类型的孩子身上！

- 别嫌他们慢吞吞，而催促他们快些，要提前告诉他们，需要多少时间。
- 别让他们睡太久，起得太晚，用某些积极有趣的任务去吸引他们。
- 小小的惊讶是很适合黏液质孩子的，比如早上起来用冷水洗手洗脸。
- 别让他们长久地黏在饭桌旁边吃东西，在他们的食谱里多放置些水果、蔬菜和硬一些的面包，味道上也可以偏酸、咸一些，这些努力都是为了通过口感唤醒他们。

- 把他们的座位安排在教室的正中间，以方便你在上课时随时叫醒那些已经开始神游的黏液质孩子。

6. 与不同类型气质的孩子沟通

每一个人都有四种气质，只是占有优势的气质不同，而且一个人跟相同的气质的人在一起，和不同气质的人在一起，通过气质的相互作用，体内占优势的气质又在变化。如果这么捉摸不定的话，我们是不是就无法去把握了？如心理学那样，这是一种了解人的深层存在状态的知识，斯坦纳认为老师通过研究孩子的气质类型，可以帮助自己与孩子打交道，老师了解自己的和同事的气质类型，也有助于大家在一起工作。

人在不同的成长时期，呈现出不同的气质特征，如幼年和童年时期呈现多血质，少年和青年时期呈现胆汁质，中年时期呈现黏液质，老年时期呈现抑郁质。对一个人来说，在其一生中都有一种较为明显的个性状态，每个人都必须有意识地进行个性特质的自我调整，也就是个体对自己的心灵要负责任。学习和研究人的气质类型，不是像算命那样，给他人和自己贴上某一个气质类型的标签，你是什么气质类型，我是什么气质类型。健康的方式是，看看自己缺乏哪些气质类型，学习自己没有呈现的气质类型的优点，努力去平衡自己的气质类型。

在华德福教师培训课程中，重点分析了气质的形成和如何了解自己的气质，以掌握好教师自己的气质和孩子的气质。它强调了教师的责任就是针对孩子的个性发展，帮助每个孩子进行个性特质的自我调整，对每一个独特的心灵负责任。因为每一个孩子都是在特定的情况下凸显出其个性特征的，其中有不少是跟该班老师的气质有天然的对抗性的。老师在气质对抗的情况下，自然地产生抗拒力，这时，老师必须从自己能掌握的气质中找原因，并努力协调和自我修炼。掌握自己的个性特征，不让自己的气质影响到教学。与不同气质的孩子相处融洽是每一位教师在接受培训时的必修课和艺术化教育的第一步，同时也是华德福教育在教师成熟方面的首要条件。

在一群孩子中，不难发现胆汁质的孩子。这种气质的孩子个子结实粗壮，精力充沛，有主见，并且勇敢、强悍，甚至带有侵略欲。他敏感并富有智慧，喜欢挑战权威，充当"江湖老大"保护弱小，有天生的领导才能。胆汁质的孩子做事缺乏考虑，脾气暴躁，感情用事。班上有个胆汁质的孩子，在课间休息时不知道为什么，和别的孩子发生了冲突，打了其他孩子。当老师看到他捡起来一个砖头时，老师从后面抱住了他。男孩大吼："放开我！"老师抱住他，就不会伤害到其他同学。男孩用脚踢老师，但是老师没有松开，直到他平静后。这时，老师在班上讲了一个民间传说，里面的父亲就是典型的没有成长好的胆汁质人。父亲易怒，经常对家人动武，但是他的大儿子敢于和他斗争，保护家人。这个男孩很佩服故事里面的大儿子，所以在第二个课间，老师走出教室时，那个胆汁质的孩子对他说："我不会伤害任何人。"老师说："我知道你肯定不会伤害任何人。"老师后来发现他对着墙，双拳紧握说："我不会伤害任何人。"

多血质的孩子童年的共性，尤其是 7 岁到 13 岁的儿童，或多或少都会显出这种气质。多血质的孩子显得活泼可爱、无忧无虑、思维敏捷、语言幽默有趣。他喜新厌旧、喜欢五颜六色和多变。这种气质的孩子缺乏耐心，注意力和记忆力差，并有多动的倾向。他有小聪明，接受能力也好，但是学习、做事草率和粗枝大叶。他有绝妙的内心世界，对外面的世界会做出积极的反应，喜欢自由浪漫，追求与众不同。他一般是典型的帅哥或靓女。

老师一走进教室，应很快就注意到多血质的孩子在做什么。这时候老师要针对他们新的衣服鞋子或者其他什么赞扬一番，这就表示已经注意到他的存在了。当他感觉到未受注意和重视时，他们会想尽一切办法来吸引老师的注意力，比如搞笑料，做小动作，干扰同学或走动等。讲课的内容一定要先针对这一类的孩子，否则他们的心灵很快就会飘出教室。在他们还未能找到刺激的玩意儿来捣乱之前，先用激将法来鼓励他们做一些事情，包括超出他们能力之外的事情，如一些设计图、数学难题，不要希望他们马上会完成或找到答案，因为有时候，他们很快就会对这些东西失去兴趣。如果他们很快地完成老师布置的任务，可以让他们帮助那些刚开始动手的黏液质气质的孩子。

跟胆汁质相对的气质是抑郁质，抑郁质气质的孩子也很容易找到。这种气质的孩子内向、孤僻，感情世界丰富，富有想象力和个人思想。他喜欢写日记、绘画、写诗甚至写小说，他更愿意生活在自己想象的个人世界里，静静地躲在一个角落里。他的个子消瘦、视力弱、消化系统不良，生命力强但不能维持身体的整体平衡，常常感到肚子疼或身体不适。他会躲在一边看其他孩子玩游戏，对玩游戏也非常感兴趣，但是又怕被拒绝参与而保持沉默，每天都在盼望着加入同学的小团伙中，由于身体吃不消，只好作罢。他喜爱在秘密、黑暗的角落里，或没有人的地方自由地想象和思考。他经常会问一些无法回答的问题，如："为什么我们看不到天使？""太阳会在某天消失吗？"他的朋友不多，但一般有一个非常亲密的知心朋友，平时显得文静、听话和负责任，是老师和家长心目中的乖孩子。老师对他们不会使用太重的语言，常告诉其他同学，他做了什么有意义的事情，如帮助老师刷黑板，把教室打扫得非常干净等。

抑郁质的孩子脸皮像肥皂泡那样薄，碰不得，所以老师不能对这些孩子提出任何形式的批评，相反无论他们的能力与成绩如何都需要不断地鼓励。千万不要认为他们在教室里发呆或沉默寡言就认为省事而不理会他们。老师的一言一行和一举一动都逃不过他们的眼睛，他们有时会冒出一些冷言冷语让一些粗心的老师无地自容。为了避免难堪局面的出现，老师必须想方设法让他们讲话和发表意见，哪怕他们百分之百不愿意说什么话，但这是表示你也注意到他们的存在。如果他们讲话，老师得耐着性子，比如他们会讲一只蚂蚁如何悲壮地死去。他们很多时候说肚子疼，那都是小题大做，但是也要表示同情和感到遗憾，并要安慰他们好好休息。如果叫他们去看医生也许就会伤到他们的自尊心，因为他们认为你不相信他们的肚子疼。

最后，是黏液质气质。黏液质气质的孩子不像抑郁质气质的孩子那样显得悲伤，他会自得其乐地娱乐自己，甚至孤芳自赏。他最大的兴趣是吃，且有口福，他的消化系统良好，显得贪吃贪睡。很多孩子对这种气质的孩子感到没劲、无聊，但是一旦他的兴趣被激发就会像潮水般涌出来，势不可当。他有惊人的耐心和毅力，对自己感兴趣的事情非常投入和执着。他对简单重复的任务不会感到乏味，并能从中找到乐趣和新发现，喜欢寻根问底，是天生的数学家和哲学家。他一般是听话守规矩、胆小怕事的孩子。

对黏液质的孩子就得有耐心，不要希望他马上就能动手。如果他不按时完成作业，最好的方法就是告诉他明天过后就不收作业了，骂他懒惰是没有任何帮助的，惩罚这类孩子只能把事情弄得更糟糕。所以在做事情之前就要先提醒他们，不怕给他们施加压力，他们虽然很慢，但是他们会拿出精品来让大家感到吃惊。不要希望他们提出问题，但是绝对不能忽视他们的提问。如果老师许下什么承诺而不守信，他们会提醒老师。老师对自己说过的话没有把握的情况下，最好问一下这类型的孩子。在课间休息时，要让他们有充裕的时间吃完从家里带来的零食。

作为一位华德福学校的老师，走进教室之前一定要把当天的个人烦恼、精神不安和个人偏见放在教室的外面，然后非常清醒地走进教室，有意识地监督自己的讲课、语言和行为等等。因为老师要有足够大的声音和勇气，随时准备好接受胆汁质孩子的挑战，做好激烈的口战或把他弄出教室的打算。针对这种气质的孩子，最好的方法是给他们提出很多挑战性的任务，让他们感到被重用和满足他们的表现欲，尤其是用舆论压力来牵制他们，以此可避免过多的冲突。很多时候，你"虚心"请教他们是领导他们最有效的方法。

第六章

人智学理念在各领域的实践

斯坦纳的有机建筑理念很独特，他认为建筑是人的身体的扩展部分，身体是一个有机体，而人在建筑里，人就是建筑的精神，建筑就如人的身体影响到人那样，影响人的身体、心灵和精神。

1. 人智学理念下的华德福教育

斯坦纳对人类的智慧和人的意识发展做了深入研究。对人的身、心、灵和精神发展的独到的认识是华德福教育的理论基础。斯坦纳发现了人的意识发展（Consciousness Development）的阶段性，以七年为一个周期。而人类的发展也是阶段性的，并从人的意识发展中展现出人类的意识发展。华德福教育就是配合人的意识发展规律，阶段性地针对意识来设置教学内容的，让孩子的身体、生命体、灵魂体和精神体都得到迎合和发展。

华德福教育的首要目标是发展自由和独立精神、道德责任感和具备高级社交能力的个人综合素质。针对人的深层意识进行教育，让孩子成长为自己，最终才能达到具有超越物质、欲望和情感的洞察与判断力，再结合与生俱来的智慧和本质，达成精神的自由和独立。于是，学生能准备好应对来自社会生活的挑战，成为精神自由的个体。

斯坦纳指出教育是一门艺术，并通过艺术化的方式进行教育。华德福教学法将儿童的成长分成三个阶段，每个阶段大约七年。早期教育注重实践和手工活动并提供利于创新性玩耍的环境。在小学，重点是发展小学生的艺术才能和社会技能，培育创新和分析理解能力。中学则注重于发展批判性思维和培育理想。这种教育模式始终强调想象力在学习过程中的重要性，并且将价值观融合在学术、实践和艺术追求中。

华德福教师使用形成性评价（定性）而不是总结性评价（定量）的方式来评估学生成绩，尤其在青春期的前几年。学校拥有高度的自主权，自主决定课程结构和自行管理事务。华德福教育的理念倡导的是长远地解决现实生活中的社会问题，通过教育发展人性积极的一面，对自我发展和社会生活负责，以达到从根本上治疗社会问题、推动社会的文明发展的目的。

第一所华德福学校创立于 1919 年，是华德福·阿斯特里亚（Waldorf Astoria）卷烟厂的经理，也是人智学追随者依米尔·默特（Emi Molt）邀请鲁道夫·斯坦纳在德国斯图加特的华德福·阿斯特里亚卷烟厂里为员工子弟建立的一所学校。这是华德福学校名称的来历，现在把华德福作为推广这种教育方式的团体的名称和标志。

不久，华德福学校开始在汉堡、海牙、巴塞尔、伦敦和纽约等地建立起来。英国第一所华德福学校建立于 1925 年，现在叫作迈克尔·霍尔学校（Michael Hall School）；美国的第一所华德福学校于 1928 年在纽约曼哈顿建立，叫作纽约华德福－斯坦纳学校（Rudolf Steiner School）。在 20 世纪 30 年代，大量受到华德福学校启发或者是参照华德福教育理念的学校在德国、瑞士、新西兰、挪威、奥地利、匈牙利、美国、英国建立起来。在苏联解体后，华德福学校开始在中东欧不断发展，最近几年，许多华德福学校在亚洲建立起来，尤其是在中国。

华德福教育推动了全球性的教育改革运动，华德福教育经历了将近 100 年的发展，其理念在全球 60 多个国家和地区的实践，形成了独特的社区文化。

华德福教育目前是全球最大的另类教育，华德福课程已经是一种被广泛接受的另类教育法，在欧洲影响着主流教育，在欧洲和北美国家有大量的华德福学校和教师培训项目。到 2012 年，全球 60 个国家建立了 1025 所独立的华德福学校、2000 多所华德福幼儿园。

华德福教育的第一个发展阶段是于 1919 年从建立第一所学校开始到第二次世界大战结束，当时的欧洲正处于四分五裂和战火纷飞时期。1935年，纳粹政府关闭了德国的华德福学校，直到第二次世界大战结束后学校大门才重新打开。之后，华德福学校进入第二个蓬勃成长阶段，单在德国就有250多所华德福学校，全国有5%的学生就读于华德福学校。

第二次世界大战结束后，华德福在没经过二战影响的瑞士已经发展得非常成功和成熟，而且华德福教育广泛地影响着瑞士的主流教育。在小小的瑞士不仅有30多所华德福学校，而且在伯恩省还有一百多所公立学校都在实践华德福教育的理论和方法。跟瑞士相似的国家还有荷兰，有多所公立学校都在实践华德福教育，在政府的教育部门里还有大量的华德福教师担任顾问和一些重要职务。

英国在全球人智学运动中扮演着重要的角色，如把人智学的德文版本翻译成英语，并通过英语迅速地传遍了世界。鲁道夫·斯坦纳也于1924年在英国做了一系列重要的演讲，演讲内容被汇集成书并出版，其中一本《儿童的王国》（*The Kingdom of Childhood*）成了所有对华德福教育感兴趣和从事华德福教育者必读的书之一。

2. 人智学理念下的特殊教育

社会文明发展的程度取决于社会如何对待孩子、老人和智障人士的教育和照顾，斯坦纳提出教育是治疗文明社会的药方时，华德福教育理念就率先在这几个领域中得以实践。1924 年，鲁道夫·斯坦纳给十几位医生和老师开了一个特别的培训课程，这个 12 节课的培训课程被汇编成书《治疗教育课程》(*The Curative Education Course*)。后来这本书成了特殊教育（智障人士的教育）的基础。

特殊教育的基本理念是帮助人的精神个体完全进驻到躯体中，让人的个体精神得到充分的展现，完成精神个体在这个世界上的使命。一个人之所以患智障，是因为他的个体灵魂未能完全进驻到他的身体中去，精神个体未能在躯体中起到"主人公"的作用，未能像完全"世俗化"了的正常人那样生活。因此，对于智障人士的特殊教育，要求教育者对精神和灵性有更大程度上的觉醒。参与智障人士的教育的人更要为精神个体工作，要更加清楚地认识到人类灵性的本质及其未来的命运。

斯坦纳的特殊教育理念鼓舞了很多热心于社会变革的人士，奥地利儿科医生卡尔·科尼格（Karl Koenig）博士和一群年轻医生、护理人员、艺术家一起根据鲁道夫·斯坦纳的课程理念于 1939 年在苏格兰的阿伯丁（Aberdeen）成立了一个针对智障人士的治疗性教育机构。这个机构后来成为以一个大房子的名字命名的 Camphill 社区，正式的名字为 Camphill Village（康复村）。卡尔·科尼格的教育实践得到世界各地的称道，目前已在 25 个国家中成立 600 多个类似的社区，而且都命名为康复村，于是康复村成了这类特殊教育和生活社区的代名词。所有康复村都是为了需要特殊教育的儿童或成人而成立的，其工作及功能范围包括了儿童教育、师资训练及医药、治疗、农作及工艺等等。社区中提供的疗法有特殊的体育教育、物理治疗、戏剧、治疗性韵律舞、骑马、音乐、画图及游戏、按摩与交谈沟通等。

通过特殊教育，教育者能了解到所有人与人之间的关系，包括老师与学生、医生与病人、照顾者与被照顾者之间的关系。同时教育者的个体精神在与智障人士的精神交流以及工作、学习和生活中得到修炼和提升。在社区生活的交流中，施者与受者都共同受益，这种相依相赖的社区生活，构成了文明社会康复的实践基础。

在美国纽约有一个智障者特殊教育和生活社区叫科培克康复村（Copake Camphill Village）。科培克康复村建立于1961年，是美国最早的一个康复社区，坐落在距纽约市大约200公里的乡村里，占地超过36公顷，有大片的农田和森林，自然景色非常优美。社区内有住宅、教堂、教室、交谊厅、商店、书店、面包房、各种工艺作坊等等，还有许多治疗性的设备和为治疗而设立的马房。那里常住着105位被称为"村民"的智障者，每个智障者都分别住在一个不同的、有独立的屋子的家庭内（房子属于社区的公共财产），一个家庭一般由一对有爱心、带着自己的孩子的夫妇，一两名年轻义工和六到八名村民组成。每一个家庭都有一位"家长"，这些家庭的家长，有的是学校的教师，有的是愿意以照顾儿童为职业的"专业家长"，负责整个家庭生活的统筹安排和财务预算。在这里，虽然智障者的父母都不在社区内，但是每个智障者都有一个家。这个家不但给予每一个智障者温暖和安全感，而且更能让他们得到在父母家里所得不到的照顾。

在科培克康复村里智障者的年龄在25岁到56岁之间，他们被老师和工作人员称为"小朋友"，因为他们的心理年龄只有2岁到4岁。每天他们都有规律地上学、工作、玩游戏、照顾小动物、做园艺、做手工等等。每顿饭大家都一起用餐，工作人员和工作人员的孩子，无论年龄大小，在用餐时，都会耐心地照顾那些有缺陷的智障者用餐。我想强调的是，他们所做的一切都在艺术化地进行，包括吃饭这么简单的事。他们也会把餐具、餐巾、鲜花等都摆设得非常整齐，然后点上蜡烛，一起念餐前的祈祷词表示感恩，营造出一种认真而温馨的气氛。

智障者的学习和工作也包括农业、园艺、烤面包、照料动物、做手工艺品等等，他们在懂得特殊教育的农场工作人员的帮助下，进行职业治疗。一个精神未完全进入身体的智障者，通过接近自然和动物，劳作和动手创造以及艺术活动，他们的身体在进行着有意识的、有意义的、使他们的内心产生快乐感受的活动，这样的过程实际上就是在帮助他们的精神进入身体，展现精神的本真面貌。那些智障者在充满爱心的专业艺术老师的指导下做布娃娃、刺绣，做木制艺术品和玩具，甚至制作乐器等等，这些手工艺品很精致，跟礼品店卖的没有什么两样。可见，在特别的艺术指导下，他们的双手也能创造出一个聪明人所能做到的。所以，应该让他们参与社会生活，给他们机会去创造，去展现自我和给社会做贡献。

社区里的每一个人都在这种特殊的环境中学习，包括需要特殊教育的智障者和提供特殊教育服务的工作人员、老师、家长、儿童和青少年。但是，老师和工作人员都会遇到鲁道夫·斯坦纳所说的那种无形的挑战。有精神问题的智障者也许会有突然性的攻击行为，被攻击时也许是非常痛的，但是又不能生气，反而要更加温和地对待他们。对那些语无伦次和唠唠叨叨的智障者，不但不应感到心烦，反而还要试图跟他们交流。无论通过多少次的指导，用可以想象到的一切教育方法去教育他们，一些智障者也许还是学不会做一些简单的事情，如小便不能对准马桶。对这些事情不但要化怒气为春风，而且还要化痛苦为快乐，只有温暖如春的态度才能化解这些智障者无意识的行为，这是一种十分具有挑战性的学习过程。

3. 人智学医学和医药

　　1920 年，在瑞士的多纳赫（Dornach），鲁道夫·斯坦纳作了第一场关于医学的演讲，有 30 位医生和学生参加。其中一些医生也比较熟悉人智学（Anthroposophy），他们向斯坦纳提出："医学科学可否扩展到包括人类的精神科学现象？"人智学医学便是自此时诞生的。斯坦纳博士在随后的 5 年里，通过各种演讲和咨询工作，为这种新的医学奠定了基础。斯坦纳与荷兰的医生依塔·威格玛（Ita Wegman）合作，在一些医学专家的协助下，在德国的斯图加特（Stuttgart）和瑞士的阿尔力西玛（Arlesheim）创建了第一所临床医疗中心、实验室和药房。这就是后来的威蕾达（Weleda）制药公司的前身。同时，斯坦纳博士与威格玛医生合著了《治疗的原理》（*Fundamental of Therapy*）《实用医学的延伸》（*Extending Practical Medicine*）《建立在精神科学上的基本原则》（*Fundamental Principles based on the Science of the Spirit*）等书，成了人智学医学理论的基础。

斯坦纳认为人是由与矿物界相关的物质体（Physical body）、与植物界相关的生命体（Life body）、与动物界相关的星芒体或情感体（Astral body），还有人类所特有的自我（Ego）这四个体构成的。当这四个体不平衡的时候，疾病就会出现。人智学的医疗就是努力寻找到方法去治疗这种不平衡。人智学的医学认为疾病并不是偶发事件或机械的损害，而是紧密地与个人的经历有关的。病人的心魂由身体（Body）、灵魂（Soul）和精神（Spirit）组成，人智学的医生非常注重了解病人过去的经历和背景，尤其是在情感和精神方面的。

人智学医学着眼于病人和个体的治疗，避免使用那些统一的治疗方法，医生的治疗建立在病人的个案和调查个人历史的基础上。医生和病人的关系是寻求治疗方案的基础。斯坦纳提出医学的伦理道德是来自具有个人特质的伦理观，医生认识到人的自然本质，即使身体有疾病或智力发展残障，人都有着永恒的内在本质。这种伦理观是建立在对人的思想与精神具有无限发展的能力的理解上。

传统医生通常是"看人的病"，任务是如何把病治好或消除，并用病为标签贴在人的身上。人智学医生是以"人"为中心的治疗，医生看"有病的人"。第一次到人智学医学的诊所看病，医生和病人一般要交谈两个小时左右，通过友好的交谈，医生可以了解到病人的自传、生活习惯和个性等等，跟有病的人一起工作来对付病。有些病可能已成了人的一部分，一直到死亡，也可以理解成病是人的一份礼物。病可以给人带来被关爱和温暖的感觉，病也可以让人反省和认识自己，给人一个自我发展和改进的机会，以便积极地改变或平衡以后的生活。

目前，有3000多名医生在世界各地实践人智学医学，主要集中在欧洲和美洲地区。同时有大量的艺术治疗师、韵律舞治疗师和心理治疗师等紧密支持着这些医生们的工作。每年有近千万病人接受人智学医疗的帮助，并已成立了各种与人智学医学有关的组织和团体，如人智学医学协会的国际组织（IVAA）、美国人智学医学护士协会（ANAA）、北美人智学艺术治疗协会（AAATNA）等等。

人智学医学是建立在正规的医学基础上的，医生首先是正规医生，而且经过至少3年以上的培训，其内容包括学习和实践两部分。主要学习人智学精神科学和研究方法，以及药物和疗法等。实践主要在人智学医院和诊所进行，目前主要在德国、瑞士、瑞典、荷兰、巴西和美国等国家。除了普通的医学实践和家庭医生服务以外，人智学医学的实践还包括所有的医疗科目，从手术、治疗、儿科、妇产科、神经学科到精神学科等等。人智学的医疗充分结合了传统的疗法和另类疗法（Alternative medicine），如自然疗法（Naturopathy）、顺势疗法（Homeopathy）。人智学的医学除了用药物治疗以外，还有营养治疗（Nutritional therapy）、韵律按摩（Rhythmical massage）和众多的艺术治疗（Art therapy）。

一般的西药只是针对人的身体的物质部分，而人智学医药还考虑到人的心灵和精神方面。一个身体健康的人，如果出现心灵和精神疾病，也会影响到健康的身体。一个有心灵和精神疾病的人，不可能保持身体的健康。因此，人智学医学需要人智学医药。人智学的医药实际上是各地的传统医药的延伸，其物质（Substances）完全来自自然界。人智学医药是以特殊的方法生产的，不是野生的植物，就是用生物动力农业来种植。在德国，威蕾达（Weleda）制药公司是给人智学提供药物的主要公司，他们的药物都要通过医疗产品委员会的审查。人智学杂志上有大量的有关人智学医药的论文和文章被发表，其以人智学对人类和自然的认知为基础，来介绍其药物产品的性质及使用。斯坦纳曾经提到一种寄生于苹果树上的植物，叫槲寄生，有治疗癌症的作用。药剂师经过了多年的研究和临床实践，以槲寄生材料提炼出可以治癌的植物性注射剂，该产品在人智学医学中已被广泛使用。

4. 生物动力农业

在第二次世界大战前，欧洲的工业、经济、环境和社会等领域问题层出不穷。德国一群农夫来请教斯坦纳："为什么以前可以在同一块地上收割到足够给动物食用三十年的苜蓿草，而现在的收成却只能够用五到七年了呢？"另一群农夫也请教斯坦纳："为什么家禽动物的疾病在急剧上升，尤其是动物的口蹄疫病？"斯坦纳带着这些问题做了深入的研究后给农夫作了八场讲座，这些讲座被整理成《农业课程》（*Agriculture course*），农夫根据斯坦纳的指导耕种而成为生物动力农业（Bio-dynamic Farming）。

斯坦纳认为植物本身不该有任何的疾病，因为它是健康的生命的缔造者。它的病变是由于环境遭受了破坏，尤其是土壤的破坏，使得地球的生命力耗尽，动物的各种疾病是因植物的疾病而出现，人类的健康也会因动植物的疾病而受到影响，甚至产生精神文化和社会问题。[①] 他指出，要根治这些问题，必须从人类的日常生活活动开始。斯坦纳研究出一套养育土壤和植物的配方和方法，并指导农夫做活力堆肥（Bio-dynamic Compost）用于耕种。如果进一步学习生物动力农业（Bio-dynamic Farming），就可以根据斯坦纳给的配方做堆肥。

斯坦纳认为地球是一个有生命的个体（living being），矿物是地球的物质身体（Physical Body），植物是地球的生命体（Life Body），动物是地球的星芒体（Astral Body），人是地球的自我（Ego），这一切又都与宇宙是有机联系的统一体。植物作为地球的生命力，把宇宙的力量带进地球。植物的叶转化光的能量，植物的根化解土壤并转化成植物生长需要的能量。这些也正是滋养人和动物的能量，同时也把治疗土壤的生命力从宇宙中带回地球。当今的所谓的营养已不能给身体提供足够的能量让其在物质生活中展示出人的个体精神，因为现代作为食物的植物已不能满足人们的这种需要。[②]

生物动力农业的基本精神就是把宇宙的能量带进植物和大

---

① Pfeiffer, Ehrenfried, Bio-dynamic Gardening and Farming, Mercury Press, Spring Valley, 1983, p2.

② Pfeiffer, Ehrenfried, Bio-dynamic Gardening and Farming, Mercury Press, Spring Valley, 1983, p5.

地，再用植物转换给人类，同时，在人类获取食物时，大地也得到滋润而不贫瘠化，英文的 Biodynamic farming 更直接地说明了是生命力转换的农业。生物动力农业竭力避免化工肥料、除草剂和杀虫剂，而是根据斯坦纳给出的六种特别配方来做堆肥，用机械和人工除草，用传统方法杀虫，这样栽培出来的蔬菜和水果不含任何毒素，是非常健康和具备能量的食品。

瑞士生物学家费佛尔博士（Dr. Pfeiffer）是众多在生物动力农业运动中做出杰出贡献的人之一。他在瑞士多纳赫做研究时跟斯坦纳关系非常密切，也是早期鲁道夫·斯坦纳的追随者之一。1926 年，当第一个生物动力农场在荷兰的拉维兰德建立时，鲁道夫·斯坦纳就邀请费佛尔博士去那里主持生物动力农业的实践工作。1940 年费佛尔博士来到美国介绍生物动力农业，并在纽约建立了一个生物动力农业实验室，同时设立了费佛尔基金会来支持美国的生物动力农业实验。后来费佛尔博士又在加利佛尼亚州的奥克兰设立了一个小型的垃圾处理中心，把城市的废物转化为有机肥料用于生物动力农业。当时他已是美国农业部的顾问，在他的帮助下，美国成功地控制了动物的口蹄疫病情。

早在 1928 年，根据生物动力耕作的农场成立了协会，称为德米特（DEMETER），同时，制定了生物动力农业的标准，并把生物动力农业产品在德国注册了商标德米特，后来德米特成了有机健康食品或绿色食品的标志。几十年后，1972 年 11 月 5 日在法国成立世界有机农业的国际有机农业运动联盟（简称 IFOAM），倡导和监督有机农业发展。成立初期只有英国、瑞典、南非、美国和法国等 5 个国家的代表。经过 20 多年的发展，目前，IFOAM 组织已经发展成为当今世界上最广泛、最庞大、最权威的一个，拥有来自115 个国家和地区 570 多个集体会员的国际有机农业组织。IFOAM全世界有机农业运动的国际组织制定的有机农业标准，就是参考了德米特的标准。现代的有机标准实际上是生物动力耕作的农场产品德米特标准的折扣版，德米特依然是世界最高有机认证标准。

5. 斯坦纳对艺术方面的影响

人类有史以来都会通过艺术活动来提升人的灵魂和精神，这种源于内心的、非知识性的思考才是对人类和宇宙万物的表达、理解和诉求，并有利于进行精神层面上的疗愈。因此，艺术成了学习人智学的人真心追求自我和心灵滋养的重要方式。

斯坦纳的人智学启发了许多艺术家，如茱莉亚·沃斯（Julia Voss）在她的论文中说，斯坦纳创造了一座博大深远的开放性"概念巨库"，不断给 21 世纪以价值不凡的启发。但因为某些文字内容的"政治不正确"，直到今日人们对他的认知还十分有限，而一些采取戒备姿态的追随者对斯坦纳的理念教条地解读和运用某种程度上也为了解斯坦纳竖起了一道屏障式的"纪念碑"。对于许多旁观者而言，斯坦纳的"雪藏"表象主要是因为他那些仍难以翻译且看似古板的语言。或许在不同层面上倾注斯坦纳的哲学、美学和社会理念，同时又敏锐地反映时代脉搏的艺术，能帮助我们"推倒纪念碑"，并实现对人智学的理解。

在瑞士多纳赫山顶上的一座大型建筑——歌德馆是有机建筑的代表。歌德馆也为 20 世纪上半叶广泛发展的建筑风格树立了榜样，这种发展的精神分支却在现代主义进程中戛然而止。当然可以肯定的是，斯坦纳的宇宙观在许多方面都被所谓的另类文化运动所接受，并且渗透到主流思潮中。在建筑领域尤其明显，还发展出了人智学特色的有机建筑风格。

有机建筑（organic architecture）是现代建筑运动中的一个派别。这个流派认为每一种生物所具有的特殊外貌及能够生存于世，是由其内在因素来决定的。同样的，每座建筑的形式、构成、使用以及与之有关的各种问题，都要依据其内在的因素来考量，力求合情、合理，符合其精神。这种思想的核心就是"道法自然"，并要求依照大自然所启示的道理行事，而不是模仿自然。自然界是有机的，因而取名为"有机建筑"。

斯坦纳的有机建筑理念很独特，不仅是科学和艺术的完美结合，也是人的精神通过建筑艺术的体现。他认为建筑是人的身体的扩展部分，身体是一个有机体，而人在建筑里，人就是建筑的精神，建筑就如人的身体影响到人那样，影响人的身体、心灵和精神。因此，建筑如何影响到人的身体、心灵和精神等，都是斯坦纳的有机建筑要考虑的。全球所有受人智学影响到的领域，包括华德福学校、医院、公司、农场、餐厅、教堂、养老院、特殊儿童机构、疗养院和银行等，都希望在建筑风格上采用斯坦纳的有机建筑理念来建设自己的活动场所。目前，最具代表性的有机建筑是瑞士多纳赫的人智学总部——歌德馆，最美的学校被认为是挪威西海岸的斯塔万格（Stavanger）华德福学校，最大的有机建筑是荷兰阿姆斯特丹的荷兰国际集团（ING）总部，它们号称是目前世界上最漂亮的有机建筑。

ING总部是由十栋六七层高的建筑群，以S形有机地连接起来的大型建筑物，其中包括了半封闭式的园林和小院。该建筑物里有两千多人在同时工作，每一个工作人员都有自己的办公室。最值得骄傲的是曾经在荷兰消失的两种鸟类，神奇地出现在他们的园林里。最重要的原因是设计师已经把建筑的内部和外部的光、声和空气流通做了完美的结合。坐落在市区里的大型建筑群却出奇地安静，问题的答案是因为该建筑没有任何的空调，全靠设计合理的空气流通来营造舒适的工作环境，他们的园林里没有空调压缩机发出的噪音和往外排的热风，因此吸引了鸟儿来做伴。

该建筑刚好跟另外两栋由实用主义主导的，古板得像巨大的火柴盒那样的银行大厦相邻，ING总部在这里形成了艺术和实用的鲜明对比。如此出众和特别的建筑，像磁场那样吸引着过往车辆驾驶人士的视线。在这三座建筑物之间的交通路口，成了阿姆斯特丹市交通事故发生最多的地方。警察为了找到出车祸的原因在这里安装了摄像机，结果发现人们在经过这里的时候，只顾看漂亮的建筑而忘了看路，因此，他们建议市政府在这座建筑物的周围安了不必要的交通灯，以便驾驶人合法地停下车来欣赏漂亮的建筑片刻。阿姆斯特丹人给它一个外号叫"神仙的城堡"（Saint's Castle）。

大概在 20 世纪 90 年代末，ING 高层计划建一座能体现人性化的集团总部，该集团的一名 CEO 听了一个题目为《钱以及钱的意义》的讲座。演讲者是一位名叫彼得的人智学学者和管理着他的家族银行的银行家，也是华德福学校的毕业生。两年之后彼得被邀请到 ING 当董事，并负责 ING 总部的设计和建造工作。这个建筑的思路是从工作人员的想法开始的，而不是从设计师的设计方案开始。他们认为建筑是为人的使用而建，并非仅仅是以商业活动的功能而建。集团召开了一个总部设计的咨询会，以便收集工作人员提出的想法。有些人根本就提不出什么建设性的意见，但银行要求每一个人都有义务说出至少一条建议。有人实在想不到什么就说希望在下班的时候，可以欣赏到落日的霞辉。这些无心的想法却被设计师有意地考虑进了设计方案，尽量让不同的出口都有晚霞照到。其结果是很多人自愿多工作一个小时，以便在收工时能看到晚霞，而不是伴随电子铃声下班，意外地多工作而少拿钱了。

这座建筑还有一个特别的地方，就是看不到一般大楼里的走廊现象。每栋楼都有独立的楼梯和电梯，而且每部电梯都有自己的颜色，但比电梯漂亮的是人走的楼梯。这些楼梯都建在采光非常好的地方，楼梯的两旁用植物和名画装饰。有个楼梯的扶手里有流动的水，像山涧水那样顺着扶手拐弯流下。很多工作人员平时都喜欢走楼梯而不乘电梯，因此也节约了大笔电费。

还有，在这座建筑里挂的画都是价值不菲的名画，投资名画的目的一是支持艺术家的工作，二是通过他们的收藏来体现该集团的品位和价值观。每位员工在使用自己的办公室前，都可以在集团的艺术收藏库里选择自己喜欢的画挂在自己的办公室里。选不到自己喜欢的画，也可以许个愿让公司购买他（她）喜欢的艺术家的画，很多员工都能如愿以偿。该建筑就是一座精湛的艺术宫殿和举世无双的宝藏。很多国家首脑和世界名流都希望参观 ING 总部的风采，但该集团的董事和高层人士不注重区分等级，跟其他工作人员一样共同进出相同的门口和通道。由于他们不设立特别的通道，一些需要严密保护的政要和明星，出于安全理由只好放弃参观。

那么该建筑的建造成本是否高得出奇呢？答案是非也。相反，由于使用成本低和由于工作环境好而工作效率高，其附加值已经不能用数字来计算了。还有，该建筑的名气给该集团所带来的广告效益和品牌形象，更是世界上低成本和高效益的经典商业广告。有经济头脑的商人已经从这个典型的例子里理解到了为什么艺术可以让人疯狂。人类生活活动中的艺术、哲学和信仰在建筑中得到了集中的体现。

6. 斯坦纳对表演艺术方面的影响

Eurythmy（韵律舞，也翻译为优律思美），被称为看得见的语言和音乐。韵律舞是诞生于一百年前的一种表演艺术，这个名称来自古代希腊，可以翻译为和谐而有意义的肢体动作。Eurythmy 源于希腊语，Eu 意思是"好的、美丽的"或者"正确的"，rhythmos 意思是"度量、规律性"或者"形态"，整个词的含义可以理解为"美好形态的流动"，或者说"流动得很好"。

1912 年鲁道夫·斯坦纳博士与玛丽·斯坦纳开始研究人类语言表达和语音语调背后的精神意义以及形塑语言的原理法则。韵律舞是由鲁道夫·斯坦纳在 20 世纪初作为语言、音乐和心灵品质表现而发展起来的一门运动艺术。

斯坦纳认为身体是可以讲话和表达丰富意义的工具，像口一样说话、唱歌、吟诗和讲故事等，但跟口头的表达不一样，身体可以表达内心真实和丰富的话语。韵律舞的练习和表演者可以感受到自己的精神和身体一起共同工作，集体表演时还可以感觉到他人的精神存在，同时，也是群体工作的最佳艺术组合。

人们透过内在动作来感受音乐和话语，这种内在动作通常是无意识的，而韵律舞将其转化成为有意识的动作，这样，人类的身形，尤其是四肢的部分，变成话语或是音乐的活生生图像。韵律舞于是成为可以看见的话语或是具象的音乐。韵律舞追求的是将音乐和语言的规律及内在结构，通过身体运动变成艺术表现。

韵律舞有语言韵律舞（Speech Eurythmy）和音乐韵律舞（Tone Eurythmy）。最初，斯坦纳从虚构的图片中发展出韵律舞艺术，最初只有语言韵律舞，最先发展并且被引入他的戏剧的一些场景中。后来，又发展出来了音乐韵律舞。音乐韵律舞发展得比较缓慢，虽然从第一场演出开始，就证明了其比语言韵律舞更受观众欢迎，但遗憾的是，斯坦纳还没来得及把音乐韵律舞计划的课程完成便离世了，使得一部分知识沉寂。然而，他给后人留下了上百种（舞蹈绘画）形式的档案，还有多种多样的系列讲稿的手抄本，为此后的工作提供了丰富的原始材料。

1919 年，第一所华德福学校成立，韵律舞被引入并成为最重要的课程部分。韵律舞课程在学校里发展并与孩子的成长和谐一致。不久，人们清楚地看到了韵律舞在促进人们健康方面的作用。因而从 1921 年开始，广泛适用于各种医疗情形的特殊训练陆续发展起来，它们被称为医疗韵律舞，也叫治疗韵律舞。

如其他艺术一样，韵律舞也有其不同的表现方式，韵律舞是通过艺术家创造的动作形式或空间运动表现出声、调、韵、律和意境。由个人或群体的韵律舞表演，可以表达语言、诗歌或者童话的结构、意义、本质声调、感觉和意境，也可以表达音乐的节奏、韵律、意念和情感。这些动作的形式可以很简单，也可以很复杂，它们由相互渗透的个人因素所组成。韵律动作有两个基本因素：一个是语言，从元音辅音的发声到不属于语音学的语法结构；另一个是音乐的所有元素，从简单的音调、音程到和谐定位和音乐形式。一首音律和谐的诗歌有放松的表现，我们身体上的运动也可以有放松的表现。我们无论做什么事情，都可以表现出一种闲适、优雅与形式的和谐。闲适和优雅是由身体一种愉快、胜任的感觉所产生出来的，由一种不但能把事情做得好，而且能做得很美的感觉产生出来的。表演者必须不断创造出使音乐能够流畅的空间；当表达诗歌时，表演者像是一尊会动的雕塑，整个舞台则像一幅绚丽的湿水彩画，充满流动的色彩。

练习韵律舞时，身体的姿态、运动展现出音的品质和语言的内涵。这种品质和内涵不仅是表面上带给我们的感受，而且是从更深的精神、哲学和文化层面研究得来的理解。正因为这样，韵律舞能够让我们将内在与外在和谐起来，将看不见的音通过形态展现出来，探索具有宇宙原型特质的几何图形。这也是为什么韵律舞具有治疗的作用，可以通过肢体和谐地与相关的音、形、意进行沟通（甚至是共鸣），让全身融会贯通、内外兼和。不可否认，语言和音乐是对于人类有治疗作用的。当身体在跳韵律舞，通过身体语言和音乐发现新的表现形式时，人的内在就会自动调整内心结构或整个身体形式。语言或音乐的声音、灵魂、情绪、间隔及协调都是由胳膊和整个身体的运动和手势形成韵律，在立体运动空间上以一种舞蹈表演形式出现的，使语言和音乐形式上的元素变得可视，通过视觉感到语言和音乐的灵魂。通过韵律舞，人们能够学会在一般音乐或一般语言中如何使用动作，这种方法对整个人的内在秩序、灵魂及身体协调有深远的影响。

韵律舞作为一种有价值的治疗方法发挥着重大的作用，在矫正教育和艺术治疗中效果显著，对儿童的心灵发展影响深远。此外，身体有缺陷或运动不平衡的人，像医院帮助运动不足的人那样，需要考虑韵律舞矫正。韵律舞在较大范围内能找到教育上和治疗上对孩子和年轻人有效的方式。艺术矫正是针对以艺术教育和熏陶为基础的儿童教育的，忽视审美情趣的教育很难有矫正和治疗的效果。

这一新的艺术形式作为表演艺术获得了艺术界的称赞，所有华德福学校的学生都要学习韵律舞。韵律舞在华德福教育中被广泛应用，并以一门关于运动的艺术课程授给所有的学生。从幼儿园开始直到中学毕业，在身、心、灵和精神的不同发展阶段，他们用不同的适应方式来接近孩子或年轻人。学习韵律舞可以学会如何正确地运用身体作为语言或音乐来表达自己，获得一种在特定情况下以艺术方式处理心态的能力和技巧。在群体韵律舞运动中，他们通过共同使用这些运动形式提高了自我感知能力和团体合作意识。因此，这种艺术作为社会生活的一个重要因素所发挥的作用不可低估。在每周的韵律舞课程中，通过韵律锻炼，孩子的生命力能够得以增强。仅就孩子的健康而言，学习韵律舞也是十分重要的。

7. 人智学理念下的艺术治疗

现代艺术治疗用于发展迟缓（如认知发展迟缓）、情绪障碍、自闭症、多动症及有生理或心理创伤经历的儿童（如生重病、受虐、遭遇天灾或巨大精神压力等）。治疗师根据儿童的问题、情绪、兴趣等诸多方面，用包容、开放的态度，鼓励其自发性地接触不同的艺术材料和艺术活动，并从其创作过程中透视其内心世界，最终达到痊愈的效果，也就是不把治疗的对象当成病人对待。

从事特殊教育的医生、治疗师和老师根据斯坦纳的人智学，在实践中不断地学习和研究，目前已发展出完整的艺术治疗理论和有效的实践。人智学理念下的艺术治疗首先不是把被治疗的对象视为病人，而是看成需要特殊帮助的人。艺术治疗也不是针对需要特殊帮助的人的表现状态，如情绪障碍、自闭症、多动症等，而是根据人的身体、生命体、星芒体和自我体发展状况来找到合适的方式。

这四个体又是跟人的十二感觉有关系，人是通过十二感觉来跟外界世界产生关系的，因此，治疗和教育都是通过滋养十二感觉来达到滋养内在的目的。所以，将英文的 Art Therapy 翻译为艺术治疗的译法不太准确，应该是意识滋养才对。如我们用绘画做媒介来治疗，真正起到作用的是通过绘画来认识自我和了解自我，是对自我感的滋养。

用相同的思路，从事特殊教育的医生、治疗师、艺术家和老师还发展出了人智学理念下的音乐治疗（Music Therapy）、韵舞律治疗（Therapeutic Eurythmy）、物理治疗（Physical Therapy）、语音治疗（Chirophonetics Therapy）、社会性治疗（Social Therapy）、空间体育治疗（Spatial dynamics Therapy），以及矫正教育（Remedial Education）等等。

在这里介绍一种特别的艺术疗法，叫彩色和光幕治疗，也是非常具有代表性和神秘色彩的。这种治疗方法很简单，在一个光线充足的房间里，用彩色滤光纸遮住窗户，让自然阳光透过彩色滤光纸投射到一张很大的白布幕上，老师在幕布后做矫正韵律舞或表演戏剧，这种治疗方法已在康复村中被广泛地应用。

彩色和光幕治疗的方法产生于美国宾州的格伦莫尔（Glenmore）市附近的海狸康复村（Beaver Run Camphill Village）。这里占地 77

英亩，住着 50 多名需要特殊教育的智障儿童与少年，他们的老师及家人共同住在这个社区中。

在海狸康复村这样一个令人生起内心的温暖的环境中，很多儿童在村中接受教育与治疗，门菲·麦尔是负责这项治疗的教师之一。他说很多治疗是通过滋养感觉来达到目标的，而艺术是滋养感觉的有效获得。如我们人类最重要的感官之一——眼睛，眼睛要能见就必定有光，因此可以用光来滋养人的视觉。

光的本质也像斯坦纳博士所说的人类的本质一样，可以用四个层次来说明。就如人有肉体那样，光也有物质身体，光的物质身体就是自然科学所研究的如光子、光的频率和光谱等；类似于人类的生命体，光也有生命体。这一层次的光是生命之源，因为有光，植物才能进行光合作用，产生养分。没有植物就没有动物和人类的生存。所以，光是人类、动物和植物生长不可缺少的东西；类似于人类的星芒体，光的色彩就是光的星芒体，如彩虹和植物的颜色都是光的灵魂。因此，当我们见到各种颜色时，我们的灵魂会立刻产生情感或意识上的反应，它与我们的灵魂或情感层次有着直接的关系；光的本源、本质和力量是光的精神层面：这一个层次的光是不可见的，而光的力量是内在的，也是宇宙的。如可以从一个精神高尚的人那里，感觉到他的光芒四射。可以说是善的光，那就是来自精神世界的光。

这种力量是内在的，全然一体不可分割的，我们什么时候会接触或体会到这种力量呢？那就是当我们有一种内在的、创造性的体验时，便与这种力量接近了。例如我们在禅坐定境中，或当我们的内心在观想几何图形时，我们都是在体验这种创造性的力量。我们身上这一对能见光的眼睛就是这种创造性的力量的产物。所以我们可以说光是创造生命之源，或者换句话说，创造生命之源的这种力量也可以用光的最高层次的形态来描述它。

彩色光幕治疗是巧妙地结合了光的物质性和精神性、用艺术活动来展现它的灵魂层面来进行治疗的。教师和医生们都有真心追求自我提升的心和艺术家的工作方式，这种源于内心的、非知识性的思考，才是对人类和宇宙的真心奉献。也许你会认为这些体会有点玄之又玄，不知所云，其实，两千多年前的佛陀就在《楞严经》中对所有感官的形成做过非常明白的开示，其中对眼睛的形成的开示如下："由明暗等二种相形，于妙圆中黏湛发见。见精映色，结色成根。根元目为清净四大，因名眼体，如蒲萄朵，浮根四尘，流逸奔色。"

现代人也创造出了一种光，但它是假的光，没有创造性的力量，反而具有破坏性的力量，这就是以电子的方式产生的光，例如电视的光或计算机的光（同理，电子仿真的声音、乐器等也是有伤害性的）。当然，现代生活要完全放弃计算机或电视也许很难做到，不过，这一点对于大人来说要相对容易些，对于孩子就难了。我们要明白如何保护孩子，不要让他们受到过度的伤害才是最重要的。

感官的伤害要如何治疗呢？那就要靠艺术。任何真正的艺术性的活动都是有治疗性作用的。因为了解到艺术的重要性，所以在华德福教育中，非常注重艺术的活动。这包括绘画、舞台演出、韵律舞和乐器演奏等。如果过早强调智识性教育而忽略艺术教育，事实上是夺取儿童的生命力，所以儿童当然会不想上学；而因教育的不均衡，儿童很自然地会产生许多生活上或精神上的问题。所以，教育必须是一项艺术，而教师必须要有身为艺术家的一种自我期许。这种真心寻求自我提升的心并非一种智识性的思考，而是一种源于内心的，对宇宙、对人类的一种真心的奉献。

8. 三元社会秩序

在华德福学校建立之前，斯坦纳建构文明社会的思想主要体现在人智学的理论上。斯坦纳跟其他哲学家一样在寻找政治、经济和精神文化的出路。第一次世界大战期间和之后，他提出了建立社会结构的理念——"三元社会秩序"（Threefold Social Order）。1919 年，他出版了一本关于社会改革的书——《迈向社会革新》（*Toward Social Renewal*），在德国、奥地利和瑞士的第一年售出约 80000 册。在书中，他把社会划分成政治、经济和文化三元，而政治权利、物质经济和精神文化这三元应该是一个有机组织，各个领域有自己的使命，并清楚地自我定义。

健康的社会秩序应是三元社会秩序：政治生活应以赋予人与人之间公平和正义为原则，所有的公民都有平等的权利和义务发展其心灵、个性，并与他人和平共处；在经济生活中，人们得学会热爱、投入，并与他人如兄弟般合作，既不是平均主义，也不是恶性竞争；精神文化生活应是独立和自由的，政府机构只能关心人权，而不能干涉精神文化生活。经济领域给予政治和文化领域物质支持，政治领域给予经济和文化领域公平和正义，文化领域给予政治和经济领域意义和精神引导。

斯坦纳认为建立三元社会秩序是建立新的社会文化的前提条件。为了使文化生活独立自主，社会应尊重个体，提供给每个人充分地发挥个体意识的机会，并在自由和自愿的条件下谋求群体共识。就个人而言，每个人都应发展自己的心灵和思想，并履行与他人合作、和平共处的义务。维护三元社会新秩序必须在发挥精神文化的指导下，以自由民主为原则，人们自愿选择自己适当的社会关系来构成。任何通过政治的、经济的或者宗教的压力建立起来的社会秩序都是不牢固和不合理的。

第一次世界大战后，三元社会秩序的论述曾经在英国和欧洲大陆产生了一定的影响。今天，当世界各国在社会经济的发展中都出现了不少的问题的时候，人们开始认真地审视社会结构。一些国际组织和非政府组织也开始重新探讨这种新的社会结构，联合国社会经济发展组织甚至邀请过研究三元社会秩序理论的有关学者给各国的代表介绍该理论，并从中探讨健康社会的发展方向。在菲律宾，由于非政府组织已经深深地影响到政府发展方向，1996 年，在菲律宾政府施政报告中，率先把建立三元社会秩序结构列入工作议程，称为《菲律宾 21 世纪议程》。菲律宾总统甚至尽力把此理论导入亚太经济组织。这个举动引起很多工业国家（包括美国）的注意，因为三元社会秩序危及目前美国所主导的弱肉强食的市场游戏规则，以及经济和政治社会秩序。

人类社会的存在，其本质就是个体和群体的关系，不仅仅是生产关系、统治与被统治的政治关系，也是精神文化的关系。自古以来人类都以某种形式的群体方式生活，并在群体的生活过程中形成文化。古代部落就是一种典型的例子，那是人们为了生存而形成的群体社会方式，其中个体和群体的关系表现为由首领个体意识代表群体意识。当个体意识经过漫长的岁月发展，以个人主义为中心的自我意识到了极端的时候，孤独便成了现代人生活的特色，因而许多人便渴望能参与一种能分享共同价值的社区生活。于是根据他们的个体意愿和价值观自由地组成了各种社会群体和生活社区，如民间社团、学会、基金会、宗教团体和另类生活团体等，寻找精神上的同伴关系和安全感，因此形成了现代社会的个体和群体的一种新的关系。

与传统中或部落中的个体和群体关系的最大的不同就是：在这种新的社区生活方式中，群体是建立在精神自由的基础上的，人们是自愿和自由地建立起精神共同体或生活共同体的。有一些社会团体既是精神共同体，也是生活共同体。他们不但在群体中突出个体的自由精神，而且还从群体中找到精神家园。这种社区文化也代表了未来文明社会的文化趋势。

全球各地的民间社会发展非常迅速，有一些已经发展到了国际化的程度，这些民间组织所倡导的精神文化开始对政治和经济生活起到指导作用。在民主和文明的社会里，政治和经济发展也促进了民间社会提倡的精神文化。如很多的环保组织、和平组织、人道救援组织、人权组织、劳工组织和妇女儿童保护组织在社会文明的进程中起到了积极和指导的作用。斯坦纳认为："文化是除政治和经济活动以外人们的思想、意识、艺术、信仰和生活的表达方式，它不以权和利为目标，它在表达自我、理想以及价值观时，形成了与之相关的活动和形式。"

在斯坦纳的《教育是改变社会的力量》(*Education as a Force of Social Changing*) 一书中，他认为教育是推动社会变革的力量，文化跟精神有着紧密的联系，进行文化教育的学校应是精神文明的发源地，在学校教育和学校文化建设中塑造个体，从而建造文明社会。在斯坦纳主持下建立的第一所华德福学校里率先实践了三元社会秩序思想，当时在德国一些追求建构理想社会和发展自我精神的老师、家长以及一些有志之士，自愿地在一起建设这种理想的工作和社会生活模式。三元社会秩序的社会生活模式不但在学校里实践，而且也在艺术中心、农场、医院、基金会、养老院、康复村、治疗中心等许多机构中进行实践。凭借人智学对人类的灵魂精神的启迪，人们在这些不同领域的实际工作中，激发出人类非凡的创造力。目前，在世界 50 多个国家和地区都有以学校、康复村、农场或养老院为核心而建立起来的人智学文化社区。